COMMENT NAGER

PLUS VITE

Tout ce que vous devez savoir pour nager plus vite

Jean Martin

Copyright Tous droits réservés.

Ce livre électronique est fourni dans le seul but de fournir des informations pertinentes sur un sujet spécifique pour lequel tous les efforts raisonnables ont été faits pour s'assurer qu'il est à la fois précis et raisonnable. Néanmoins, en achetant ce livre électronique, vous acceptez le fait que l'auteur, ainsi que l'éditeur, ne sont en aucun cas des experts sur les sujets contenus dans ce livre, quelles que soient les affirmations qui peuvent y être faites. En tant que tel, toutes les suggestions ou recommandations qui sont faites dans ce livre sont faites purement pour le divertissement. Il est recommandé de toujours consulter un professionnel avant d'appliquer les conseils ou les techniques qui y sont présentés.

Il s'agit d'une déclaration juridiquement contraignante qui est considérée à la fois comme valide et équitable par le Comité de l'Association des éditeurs et l'American Bar Association et qui doit être considérée comme juridiquement contraignante aux États-Unis.

La reproduction, la transmission et la duplication de tout le contenu de ce site, y compris toute information spécifique ou étendue, seront considérées comme un acte illégal, quelle que soit la forme finale de l'information. Cela inclut les versions copiées de l'œuvre, qu'elles soient physiques, numériques ou audio, à moins que l'éditeur n'ait donné son consentement exprès au préalable. Tous droits supplémentaires réservés.

En outre, les informations qui se trouvent dans les pages décrites ci-après sont considérées comme exactes et véridiques lorsqu'il s'agit de relater des faits. À ce titre, toute utilisation, correcte ou incorrecte, des informations fournies dégagera l'éditeur de toute responsabilité quant aux actions entreprises en dehors de son champ d'action direct. Quoi qu'il en soit, il n'existe aucun scénario dans lequel l'auteur original ou l'éditeur peuvent être considérés comme responsables de quelque manière que ce soit des dommages ou des difficultés qui peuvent résulter de l'une des informations présentées ici.

En outre, les informations contenues dans les pages suivantes ne sont destinées qu'à des fins d'information et doivent donc être considérées comme universelles. Comme il sied à leur nature, elles sont présentées sans garantie quant à leur validité prolongée ou leur qualité intermédiaire. Les marques commerciales mentionnées le sont sans autorisation écrite et ne peuvent en aucun cas être considérées comme une approbation du détenteur de la marque.

Contenu

Introduction 7
Chapitre 1 11
Compétences de base en natation 11
    Éliminer les mauvaises habitudes pour mieux nager 14
    Conseils pour devenir un meilleur nageur 18
    À quelle fréquence devez-vous inclure le travail de vitesse dans votre entraînement pour obtenir des résultats optimaux ? 27
    Natation en plein air et natation en eau libre 29
    Comment se préparer à la nage en eau libre dans la piscine. 32
Chapitre deux 37
Introduction à la propulsion 37
    Principes d'augmentation de la propulsion 38
    Exercices de propulsion pour nager plus vite 42
    Introduction à la drague 46
    Principes de réduction de la traînée 47
    Exercices pour nager plus vite 50
Chapitre trois 55
Les principes fondamentaux d'une natation plus rapide 55
    Exercices secrets de vitesse en natation 60
    Les éléments ne sont pas si importants pour nager vite 67
    Le principe de natation de Pareto 69
Chapitre quatre 74
Cours de natation 74

- Comment nager en dos crawlé 74
- Crawl avant 79
- Brasse 84
- Papillon 88
- Plongée 94

Chapitre cinq 101
Une bonne nutrition 101
- Les mentalités néfastes en matière de nutrition 101
- Que doivent manger les nageurs ? 102
- Que manger la veille d'une compétition ? 105
- Aliments avec des glucides complexes : 105
- Que manger pour le petit-déjeuner avant l'entraînement ou la compétition ? 106
- Que manger pendant une compétition 107
- En-cas à manger entre les courses 107
- Que manger après les rencontres et l'entraînement ? 108

Chapitre six 109
Entraînement musculaire pour la natation 109
- Poussée d'accroupissement avec ballon de médecine 109
- Walking Lunge avec rotation du Medicine Ball 110
- Push-ups 111
- Cable One Arm Kneeling Row 112
- Dumbell Reverse Fly 113
- Torsion russe du ballon de médecine 114
- Coupe de bois 115

Introduction

Même si vous venez d'un milieu où l'on nage beaucoup, il y a peut-être encore des masses que vous pouvez faire pour améliorer votre natation, et c'est ce dont nous allons parler ici : Comment rendre votre natation plus rapide alors que nous introduisons deux activités sportives différentes dans le mélange. On peut vraiment le décomposer en plusieurs éléments : Améliorer la méthode et améliorer le moteur.

De nombreux entraîneurs au sein du réseau de natation et de triathlon s'accordent à dire qu'une excellente natation est prête 70 pour cent d'approche et environ 30 pour cent de santé. J'ai même entendu l'argument selon lequel il s'agit de 80/20, mais le fait est que l'obtention d'une meilleure méthode dans la piscine est le meilleur moyen d'améliorer votre rythme de nage.

Lorsqu'il s'agit d'aller vite sur l'eau, nous pouvons le décomposer en deux concepts fondamentaux : Réduire la traînée et augmenter la propulsion, dans cet ordre. Si vous avez une expérience de la natation, vous avez peut-être déjà fait pas mal de choses dans le domaine de la réduction de la traînée, mais il y a encore des choses à faire. Réfléchissons à tous les atouts inhabituels de la traînée (nous supposerons que si vous êtes un homme, vous avez abandonné le short de bain pour un jammer ou un speedo et que si vous êtes une fille, vous avez choisi un vêtement sain conçu pour la course).

J'aime penser à la traînée de cette façon : Quelles sont toutes les surfaces que j'offre à l'eau au cours de mon parcours ? Oui, j'offre le sommet de ma tête et mes épaules, mais est-ce que j'offre aussi mon torse et mes jambes en nageant "en montée" ou en étalant mon coup de pied ? Est-ce que j'offre la paume de ma main lorsqu'elle entre dans l'eau ? Est-ce que l'entrée de ma main traverse la ligne médiane et, par conséquent, mon avant-bras crée une résistance ? Il existe même des zones plus nuancées qui créent une résistance, comme un poignet non éthique ou un coude qui tombe en premier au lieu de rester au dessus (coudes hauts).

Ensuite, il faut parler de l'élément de propulsion, et je ne parle pas encore de la patience cardio ou musculaire - nous y viendrons. Je parle de l'eau urgente à l'opposé de la trajectoire d'un tour, le plus longtemps possible. Si vous réfléchissez àconsidérer votre bras comme une rame pour un canoë, vous voulez appliquer cette rame pour tirer l'eau vers l'arrière du bateau, cependant trop fréquemment les nageurs poussent l'eau vers le fond de la piscine, pour cette raison poussant votre cadre plus près du plafond, et non plus devant.

Je demande souvent à mes nageurs : "Dans quel sens poussez-vous l'eau ?" Dans la trappe, vos coudes sont-ils excessifs, permettant à votre avant-bras de s'articuler sur le coude en même temps que vos bras pointent vers le fond de la piscine ? Au milieu de la traction, poussez-vous l'eau vers vos orteils ou sur le côté ? À la fin, poussez-vous l'eau dans le bas du dos ou en direction du plafond (terrible), ou articulez-vous le poignet pour terminer en activant vos triceps (précis) ?

La propulsion peut être obtenue en pliant le coude de préférence à une traction instantanée du bras (même si cette fonction du bras augmente la propulsion, la recherche a prouvé que la pénalité de traînée est bien meilleure). Enfin, certains objets supplémentaires de la propulsion à la mode comprennent l'augmentation de votre charge de course standard et l'optimisation de votre timing (c'est-à-dire la nage dans le quadrant avant).

Maintenant que nous avons consacré environ 70 % de cet article à l'aspect approche de l'équation (vous voyez ce que j'ai fait), parlons de l'aspect forme. Chaque exercice de natation doit comporter un échauffement, une série principale et un retour au calme, mais en plus de cela, la série principale doit comporter de nombreuses intensités qui sont à la fois plus rapides et plus lentes que le rythme de la course (pour être plus rapide le jour de la course, vous allez devoir nager plus vite à l'entraînement).

Ensuite, vous devrez effectuer quelques types de tests de référence. Ce test peut être aussi simple que 5x100 FAST avec 20 secondes de repos, ce qui vous donnera un concept de ce à quoi ressemble "rapide" et le temps qui y est associé.

Donc, si ces 100 sont arrivés à 1:45, alors des 100 légers peuvent aussi arriver à 1:50. Et peut-être que des 50 rapides peuvent être disponibles à 50 secondes, et que des 200 rapides peuvent être disponibles à 3:35. Le fait d'avoir ces faits permettra de situer un temps par rapport à ce que ressent une profondeur. Et si l'exercice vous dit d'aller vite, faites-le !

En conclusion, il y a de la place dans la natation de tout le monde pour se concentrer sur la méthode et cela devrait être un point central, mais si vous cherchez à améliorer la technique, vous pouvez également vous concentrer sur des séries qui fournissent des intensités qui peuvent être supérieures au rythme de la course.

Chapitre 1

Compétences de base en natation

La natation demande un peu de coordination. Vous devez bouger vos bras et vos jambes en tandem, en plus de chronométrer votre respiration et vos mouvements de nage pour une efficacité optimale. Les aptitudes à la natation consistent également à plonger dans l'eau pour obtenir un départ en douceur de votre course.

Respirez

Parmi les aptitudes à la natation, on oublie souvent de mentionner la capacité à chronométrer ses respirations. Si vous n'êtes plus à l'aise pour respirer tout en nageant, vous aurez du mal à faire des mouvements propres et coordonnés.

L'idée principale consiste à respirer par les narines et la bouche lorsque la tête est sous l'eau, puis à relever la tête sur le côté et à prendre une respiration complète avant de replonger le visage sous le plancher.

Pratiquer ce mouvement en se protégeant sur la face de la piscine, les paumes tendues.

Apprendre à planer

Glisser dans l'eau est une aptitude cruciale à acquérir avant même de se souvenir de donner des coups de pied et de pagayer, selon le Starfish Aquatics Institute, un fournisseur de programmes d'enseignement pour l'examen de natation diagnostiqué au niveau national. Glisser vous aide à vous habituer à la sensation de vous transférer dans l'eau la tête la première.

Essayez de vous appuyer doucement sur la paroi de la piscine avec les doigts tendus devant la tête. Gardez la tête en bas dans l'eau et glissez jusqu'à ce que vous vous relâchiez.

Coordonnez vos actions

Les nageurs débutants se retrouvent souvent en train de déchiqueter l'eau avec leurs membres. Ce n'est pas grave. Il faut un certain temps pour s'habituer à déplacer ses membres dans le temps. Vous devez également vous habituer à transférer la masse musculaire de votre bas du dos, de votre abdomen et de vos hanches pour vous faire avancer.

De même, essayez de laisser vos jambes remonter à l'arrière de votre corps et gardez une fonction mince et profilée. Au fil du temps, cela réduit la résistance de l'eau et fait de vous un nageur plus efficace.

Apprendre les coups

Une fois que vous avez acquis une certaine confiance dans vos capacités fondamentales de nageur, la maîtrise d'une nage particulière est votre prochain projet. La brasse, tout en exigeant à peine plus de coordination que le crawl avant, donne une nage solide et légère qui est la meilleure pour les débutants.

Pour faire la brasse, vous devez rester droit à la surface de l'eau, en gardant la tête haute. Ramenez vos paumes de mains vers l'intérieur, les doigts se touchant presque. Lorsque vos bras atteignent votre poitrine, pliez vos genoux et levez vos pieds en forme de grenouille, la plante des pieds étant orientée de chaque côté.

Repoussez avec vos jambes et avancez avec vos paumes simultanément. Cette double-propulsion doit vous aider à bondir dans l'eau.

Plongez dans l'aventure

Le plongeon dans la piscine est l'un des talents essentiels de la natation - bien qu'il commence à l'extérieur de l'eau. Pratiquez toujours le plongeon dans une piscine profonde avec un maître-nageur en service. Lorsque vous commencez, le meilleur moyen de plonger consiste à placer vos doigts ensemble au-dessus de votre tête et à courber doucement votre corps vers l'eau jusqu'à ce que vous tombiez dedans, la tête la première.

Au fur et à mesure que vous progressez, essayez de sauter à peine et de redresser vos jambes dans le dos pendant que vous plongez pour entrer dans l'eau en douceur.

Éliminer les mauvaises habitudes pour mieux nager

Éliminez dès le début les comportements horribles sur votre coup de nage. La natation se distingue de la marche ou du vélo parce que, de ces trois disciplines, c'est celle qui dépend le plus de la méthode. Éliminez les habitudes de méthode dès le départ pour améliorer vos performances en natation. Et la clé pour éliminer les mauvais comportements en natation est de les éviter dès le départ.

Envisagez de séduire un entraîneur de natation. Un bon entraîneur de natation peut vous permettre de commencer votre carrière de nageur sur la bonne voie. Votre entraîneur comparera votre niveau actuel, construira vos bases, vous amènera sur un chemin régulier et vous aidera à éviter de sélectionner un comportement terrible. Et les comportements terribles sont faciles à accumuler en natation, mais très difficiles à remplacer.

Vous pouvez être tenté de regarder quelques films en ligne et de suivre la voie du bricolage. La différence avec la natation, cependant, est la proprioception - votre propre sensation de l'emplacement de vos membres et de votre tronc et de la façon dont votre corps se déplace. Votre proprioception est correcte en cyclisme et en course à pied, mais dans le détail de privation sensorielle de l'eau - pas de retour gravitationnel et peu de possibilité de se voir - la proprioception est limitée. Au début, lorsqu'on filmait les nageurs olympiques et qu'on leur montrait leur propre nage, le mot le plus souvent prononcé par les nageurs alors qu'ils regardaient leur propre film était : "Je n'essaie pas ça." Votre entraîneur va regarder votre course, vous faire des commentaires, vous montrer la vidéo de votre technique et construire votre développement. Et non, quelques copains ou un autre athlète qui est un bon nageur ne sont pas toujours susceptibles d'être un éducateur compétent. Les personnes qui ont découvert la natation à un âge précoce peuvent être de bons nageurs, mais le plus souvent, elles ne peuvent pas vous dire ce que vous devez faire pour devenir un grand nageur.

Nagez fréquemment. Cela peut également sembler évident, mais en natation comme dans les autres disciplines, la fréquence (avec une forme appropriée) est plus vitale que tout. Si vous pouviez simplement faire 500 ou 1 000 mètres, vous diriez peut-être : "Oh, ça ne vaut pas la peine de se mouiller pour ça". Une courte nage est souvent préférable à quelques longues nages. Certains athlètes essaient de faire une série de nages - nager 20 ou 30 jours d'affilée. Les jours de repos, allez nager doucement et faites des exercices pendant 15 minutes, simplement pour conserver le contact avec l'eau et aider votre machine à se familiariser avec la natation.

Attendez la vitesse. Nager vite viendra lentement. Soyez patient. Travaillez la technique. Restez fidèle à votre démarche éducative. Votre vitesse va exploser avec le temps, et chaque séance de natation ne sera pas plus élevée que la précédente. Si vous nagez avec un établissement de maîtrise, assurez-vous d'informer l'enseignant sur le pont de votre niveau de natation et demandez-lui de garder un œil sur votre forme, de vous donner des conseils et de vous placer dans le bon couloir.

Nagez quand vous n'en avez pas envie. De toutes les conduites terribles à acquérir sur votre natation, la pire est peut-être de passer les séances d'exercice. Résistez à l'envie de ne pas nager. Il y a des moments où vous n'avez tout simplement pas envie de nager. Vous avez eu une séance de natation difficile. Votre entraîneur vous a donné des exercices qui ont été difficiles à exécuter. Vous êtes un peu épuisé. Le trajet jusqu'à la piscine constitue un obstacle. Voici un moyen de vous rendre à la piscine :

Dans l'intimité de votre esprit, approchez-vous de la piscine après avoir terminé votre séance d'entraînement. Remarquez la sensation que vous ressentez en ce moment. Prenez une petite pincée de cette sensation. Maintenant, dites-vous : "Comment je me sentirai plus tard si je réussis cette séance d'entraînement ?" Si la solution est moins convaincante que le sentiment d'avoir terminé, levez-vous et bougez.

Conseils pour devenir un meilleur nageur

En pratiquant les différentes phases de votre nage à l'aide d'une planche, vous pourrez devenir un meilleur nageur.

Traîner au bord de la piscine ou jouer sur la plage est beaucoup plus amusant lorsque vous êtes dans l'eau. Et que vous nagiez pour le plaisir ou pour le sport, quelques modifications simples de votre technique de nage augmenteront considérablement votre capacité à nager et votre plaisir.

Non seulement vous glisserez dans l'eau plus rapidement et plus efficacement, mais vous vous fatiguerez moins, vous serez plus en forme et vous éviterez toute frustration. Lisez la suite pour connaître les conseils qui vous permettront de perfectionner votre nage libre.

1. Wade In

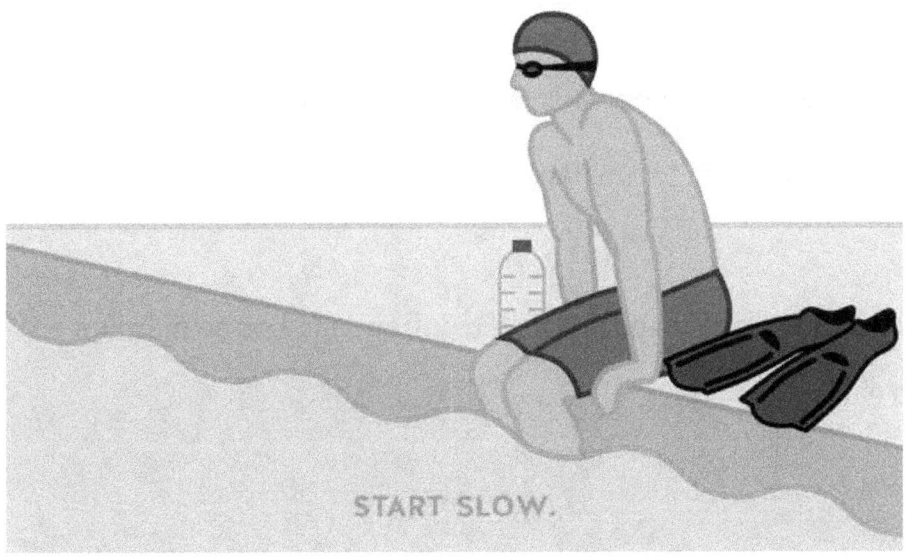

Comme toute autre chose, devenir un meilleur nageur demande du temps et de la pratique.

À moins que vous ne séjourniez au bord de la mer, il y a de fortes chances que vous n'ayez pas nagé depuis le dernier été, alors prenez votre temps et fixez-vous des attentes réalistes. "Être dans une forme de haute qualité ne se traduit pas toujours par la natation", explique Robbin White, cofondatrice du Starfish Aquatics Institute.

"J'ai travaillé avec des triathlètes et des marathoniens de renommée mondiale qui avaient besoin de commencer progressivement dans l'eau". White conseille de flotter sur le dos ou sur le ventre pour se familiariser avec la sensation d'apesanteur, de porter des palmes pour vous aider à glisser dans l'eau et de porter un tuba pour vous permettre de vous concentrer totalement sur vos mouvements.

2. Respirez de la bonne façon

Il est important d'apprendre à respirer de la bonne manière en nageant.

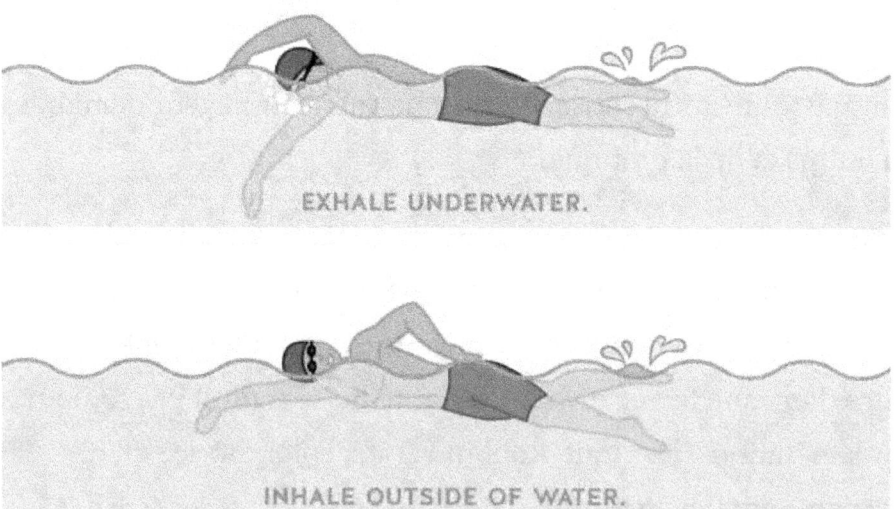

Vous n'accordez probablement pas beaucoup d'importance à la façon dont vous respirez la plupart du temps. Mais lorsque vous nagez, la respiration est un acte conscient et délibéré qui peut perturber votre course si vous ne le faites pas correctement. La règle simple : inspirez hors de l'eau, expirez sous l'eau. C'est le dernier élément qui est le plus difficile (évidemment).

Dans la partie peu profonde de la piscine, habituez-vous à la sensation de faire des bulles sous l'eau. "Expirez doucement avec vos narines et votre bouche, puis roulez - ne levez pas - votre tête vers l'extérieur et inspirez par la bouche", explique Jennifer Harrison, une entraîneuse de triathlon basée à Chicago. "Ce mouvement doit être rythmé et s'accorder avec vos mouvements." N'essayez jamais d'inspirer et d'expirer pendant que votre visage roule hors de l'eau, sinon vous vous essoufflerez rapidement.

3. Tendre la main

Tendez le bras loin devant vous, même en nageant.

Lorsque vous élargissez chaque bras devant vous, étirez-le le plus loin possible. Ce faisant, vous aidera réellement à mieux respirer, explique Jenn Tyler, propriétaire de Happy Swimmers. "Par exemple, lorsque vous atteignez une certaine distance avec votre main droite, votre corps entier va évidemment se tordre vers la gauche, ce qui rendra moins difficile l'effort de rouler la tête et d'inspirer."

4. Gardez votre corps en ligne

Gardez votre corps en ligne tout en nageant.

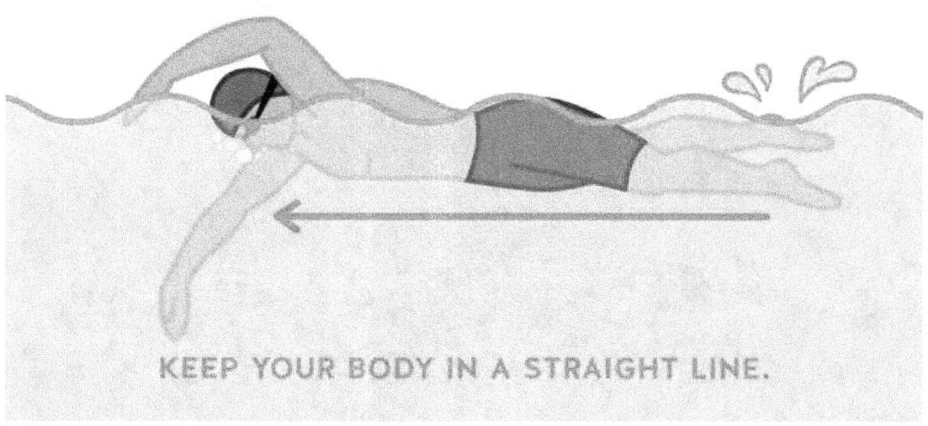

"Si vous portez votre tête au-dessus de la ligne de flottaison, vous pousserez l'eau en avant de vous et tout votre corps commencera à s'enfoncer, développant une résistance inutile", explique Tyler. Au lieu de cela, gardez votre corps aussi droit que possible, votre tête étant alignée avec vos épaules et vos hanches.

Pensez à "nager en hauteur" dans l'eau. "Vous pouvez également demander à un ami de vous filmer en train de traverser la piscine pour que vous sachiez à quoi vous ressemblez", dit

Harrison. "Contrairement au centre de fitness, où il y a des miroirs partout, vous ne pouvez pas vous voir nager."

5. Coup de pied de la hanche

Coup de pied de la hanche pendant la natation.

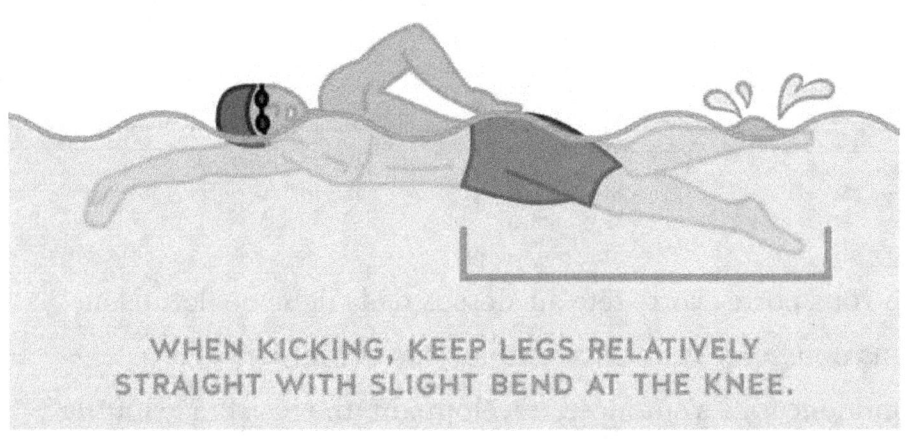

Lors de la nage libre, vos jambes peuvent pomper de haut en bas pendant que vous vous déplacez dans l'eau. Pour y parvenir sans vous fatiguer, préservez vos jambes l'une près de l'autre et donnez un coup de pied à partir de la hanche. Gardez les jambes assez instantanées, avec seulement une flexion modérée du genou. (Une légère pression sur les fesses pendant le mouvement vous aidera à engager la masse musculaire appropriée pour donner un coup de pied à partir des hanches.

6. Pointez vos orteils

Dirigez vos pieds de manière égale en nageant

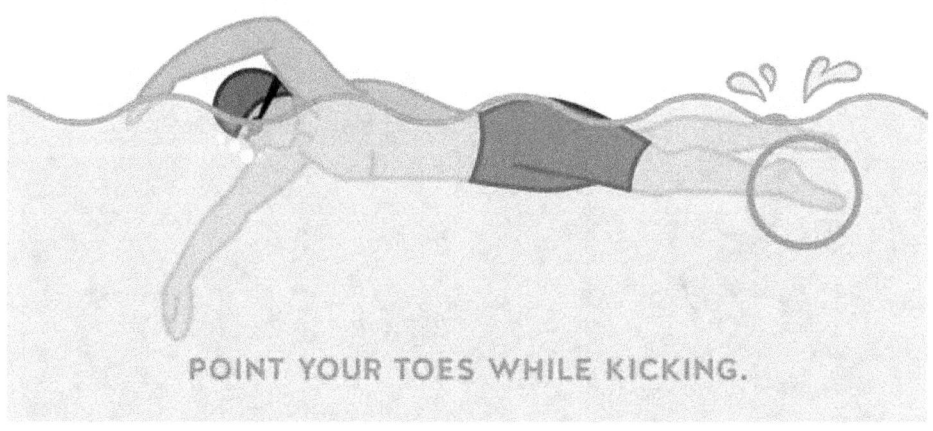

"Les nageurs satisfaisants pointent leurs pieds même en donnant des coups de pied", dit Harrison. "Si vous fléchissez vos pieds, vous ne ferez que traîner dans l'eau". Il est plus facile de pointer les orteils si vous avez des mollets robustes, alors exercez divers sports pour les mollets, au gymnase et à la maison.

Essayez un exercice facile de musculation des mollets sur une jambe : Tenez-vous sur une jambe en même temps que vous vous tenez directement à une chaise solide pour plus de stabilité, et levez et abaissez lentement votre corps en utilisant le talon de la jambe d'appui. Faites trois séries de 10 répétitions en ligne avec la jambe plusieurs fois par semaine.

7. Poussez votre poitrine vers le bas

Poussez votre poitrine vers le bas pendant que vous nagez.

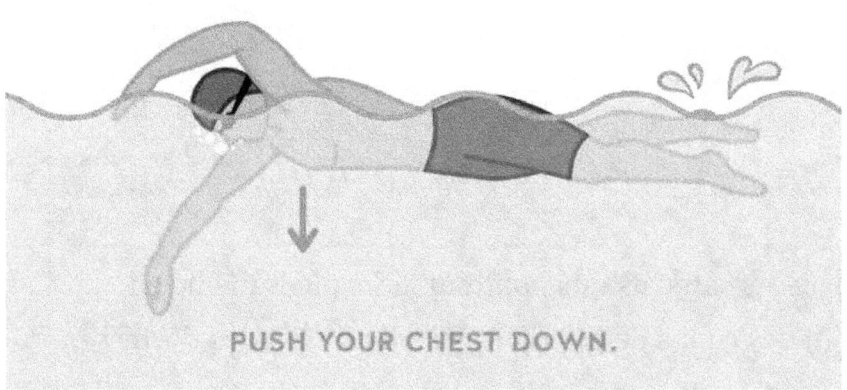

PUSH YOUR CHEST DOWN.

Puisque l'eau elle-même est censée guider votre corps, "vous devez continuellement avoir l'impression de nager en descente", dit Harrison. Pour cela, votre tête et votre tronc doivent être placés un peu plus bas dans l'eau que vos hanches. Jouez avec le degré d'abaissement de votre buste ; il doit y avoir un point idéal où vous avez l'impression de glisser dans l'eau avec beaucoup moins de résistance.

À quelle fréquence devez-vous inclure le travail de vitesse dans votre entraînement pour obtenir des résultats optimaux ?

À quelle fréquence devez-vous faire un entraînement de vitesse et d'agilité ?

Pour répondre à la question "À quelle fréquence devez-vous suivre des cours de vitesse et d'agilité ?", la réponse rapide est que vous devez consacrer 4 jours par semaine si vous êtes un athlète. Ou bien, vous pouvez combiner ces derniers temps et faire à la fois de la vitesse et de l'agilité pendant 4 jours complets. Après tout, l'entraînement de la vitesse et l'apprentissage de l'agilité vont de pair. L'excellent aspect de l'éducation approximative pour la vélocité ou l'agilité est que vous êtes en mesure d'obtenir un entraînement complet du corps pendant que vous vous entraînez pour des choses telles que la vitesse, l'agilité et la rapidité.

Combien de fois par semaine, et pendant combien de temps ?

En tant qu'athlète, vous savez que l'entraînement ne s'arrête jamais. Que vous vous rendiez au centre de fitness pour courir, faire de l'haltérophilie ou suivre une formation sur les performances sportives globales, il y a toujours quelque chose sur lequel vous travaillez. Pour ce qui est de la préparation à une saison sportive spécifique, il est bon de commencer à s'entraîner pour ce match au moins plusieurs mois à l'avance afin de se ménager des circonstances. L'entraînement de l'allure et de l'agilité est généralement recommandé 4 fois par semaine pour acclimater votre cadre et élargir la mémoire musculaire. Bien que vous puissiez vous entraîner plus intensément certains jours que d'autres, l'aspect le plus vital du développement est la constance. En vous entraînant quatre jours par semaine, vous familiarisez votre cadre avec des mouvements positifs afin de pouvoir vous adapter. Si vous vous entraîniez une fois par semaine, il vous faudrait beaucoup plus de temps pour maintenir les progrès réalisés.

L'importance d'une bonne technique

Lors de l'entraînement, il est essentiel de prévoir des périodes de repos entre les exercices. Bien que cela soit valable pour toutes les formes d'exercices, les exercices de vitesse et d'agilité ont tendance à être particulièrement intenses, car ils sont conçus pour pousser votre corps au-delà de ses limites précédentes. Le fait de prendre des périodes de repos fréquentes garantit que vous êtes capable de maintenir l'entraînement plus longtemps. C'est également de cette manière que vous vous éloignez de ce que l'on appelle la fatigue du dispositif central de peur. Si vous essayez de vous entraîner intensément sans faire de pause entre les deux, vous risquez de voir votre cadre s'épuiser beaucoup plus rapidement. En ce qui concerne l'éducation au rythme, l'important pour apprendre à courir plus vite se trouve dans la forme de sprints rapides. Sur une longue période, vous constaterez que ces sprints deviennent de plus en plus faciles à réaliser. Lentement, vous pourrez les transformer en sprints plus longs. Ceci est rendu viable par des durées de relaxation.

Natation en plein air et natation en eau libre

Les avantages

La natation en eau libre ou "sauvage" - nager dans les lacs, les rivières, les étangs et les océans - continue de gagner en popularité, alimentée par une participation prolongée aux triathlons pendant de nombreuses années et une présence croissante sur les médias sociaux. La diversité des personnes qui nagent dans des eaux exsangues - définies de manière générale comme des eaux dont la température est inférieure à 70°F - et dans des eaux "hivernales" ou "glacées" - décrites comme des eaux dont la température est inférieure à 41°F - a également augmenté.

Les nageurs réguliers en eau libre déclarent tous avoir amélioré leur humeur, leur puissance, leur circulation et avoir moins de rhumes et de symptômes inflammatoires. J'ai moi-même fait l'expérience de tous ces bienfaits et plus encore. Si peu d'études ont été menées sur les bienfaits précis de la natation sur la santé physique, plusieurs études prometteuses ont observé que la natation en eau libre améliore le bien-être général et la forme mentale - notamment une étude du British Medical Journal sur sa capacité à traiter le trouble dépressif essentiel.

Les risques

La natation en eau froide est un jeu intense qui demande de l'entraînement et de la prudence. En plus de ses nombreux avantages potentiels, il existe des risques réels, comme la mort, dont chaque nageur (ainsi que les rameurs, les kayakistes et les plaisanciers) doit être conscient. La surprise du froid est la réaction de l'organisme à une immersion soudaine dans l'eau froide et provoque des halètements et une hyperventilation incontrôlables, qui peuvent conduire à une noyade soudaine.

Il existe également un risque d'accélération du rythme cardiaque et de la pression artérielle, ce qui peut provoquer une crise cardiaque ou un accident vasculaire cérébral. La gravité de la réaction dépendra de votre acclimatation à l'eau non gazeuse, de votre taux de graisse corporelle et de votre état de santé général. Selon le National Center for Cold Water, il sera de plus en plus difficile de contrôler votre respiration dans une eau dont la température est inférieure à 70°F, et la possibilité d'être surpris par le froid constitue un risque mortel excessif dans une eau dont la température est inférieure à 60°F.

La montée d'adrénaline résultant de la réaction de lutte ou de fuite de l'organisme face à l'eau froide peut également provoquer une anxiété aiguë, voire des crises de panique, ce qui peut augmenter le risque de noyade. Si vous êtes novice dans cette activité, il est essentiel de commencer lentement et d'augmenter régulièrement votre tolérance comme je l'ai fait et écrit approximativement en affrontant l'inquiétude et en participant à une nage en eau libre d'un kilomètre.

Vous devez être particulièrement prudent si vous souffrez de problèmes cardiaques ou respiratoires (ainsi que d'asthme) ou d'hypertension. Discutez des risques avec votre médecin avant de vous lancer dans votre première baignade. Cela dit, de nombreuses personnes qui s'y essaient finissent par devenir rapidement accros.

Comment se préparer à la nage en eau libre en piscine ?

Vous n'avez pas accès à l'eau libre ? Vous pouvez pratiquer tous ces exercices de natation en eau libre à la piscine de votre quartier.

La plupart des triathlètes n'ont pas un accès aussi facile à l'eau libre pour s'entraîner. Cela peut être dû à des températures hivernales glaciales et à des eaux gelées, à des conditions polluées ou dangereuses, à une forte affluence de bateaux à moteur ou simplement à un manque de possibilités d'entraînement en eau libre à proximité.

Au lieu de vous contenter d'être mal organisé pour la saison des courses ou de vous mettre en danger en cherchant à enseigner dans des eaux fallacieuses, mettez en pratique certains de ces conseils d'éducation lors de votre prochaine baignade.

Retourner sur le T

Lors d'une séance de natation régulière, chaque mur est un risque pour se reposer, se détendre et s'améliorer avant le tour suivant. Cependant, il n'y a pas de mur tous les 25 ou 50 mètres en eau libre. Une façon de se remettre en forme est de faire une nage prolongée (500 à mille mètres) sans toucher le mur. Au lieu de tourner sur le mur et de pousser avec vos jambes, tournez sur le T (à l'extrémité de la marque de couloir sous-marin), ou cinq orteils avant le mur. Vous perdrez tout votre élan vers l'avant et serez obligé d'utiliser vos jambes et vos bras pour vous déplacer à nouveau. Attention : Cela peut être perturbant pour vos épaules, alors assurez-vous d'utiliser également vos jambes pour vous relever après avoir fait un saut périlleux. Comme pour toutes les activités, n'en faites pas trop.

Sight Your Coach

Au cours de mes premiers mois en tant qu'entraîneur de natation, j'ai observé pourquoi les entraîneurs font constamment du tempo sur le bord de la piscine. Habituellement, c'est pour parler avec les nageurs dans les différents couloirs, mais occasionnellement, c'est simplement pour se réchauffer ou pour un divertissement privé. Utilisez ce mouvement aléatoire à votre avantage : faites comme si votre train était une énorme bouée orange gonflée. Pratiquez le repérage de votre train pendant un exercice. Levez la tête vers l'avant, balayez l'horizon à la recherche de la bouée, tournez la tête vers le côté pour respirer, puis continuez à nager. Faites cela au maximum cinq fois par tour (25 yards).

Exercice de water-polo

Les joueurs de water-polo ne semblent pas avoir de difficultés à nager avec la tête hors de l'eau - cela fait partie du sport. Alors, prenons une page de leur livre électronique et enseignons avec la tête hors de l'eau. Il y a de nombreuses raisons pour lesquelles vous voudriez faire cela dans une situation réelle d'eau libre (températures froides, orteils sur votre visage, bouées difficiles à trouver, etc.) Nagez le tour complet en gardant la tête haute (ex : 6x25m). Ne tournez pas la tête sur le côté pour respirer, c'est de la triche ! C'est une excellente façon de développer l'énergie de votre cou et de vous faire prendre conscience de la façon dont le bas de votre corps s'enfonce lorsque votre tête est relevée. Le fait d'effectuer cet exercice avec de petites palettes permet de faire un entraînement musculaire éreintant, mais cela exerce une forte pression sur la coiffe des rotateurs, alors ne vous emballez pas.

Plongée avec les dauphins

En plus d'avoir accès à plus de lacs que je ne sais quoi en faire, j'enseigne également dans une piscine dont l'accès est interdit. Le fond de la piscine s'incline régulièrement jusqu'à la terrasse, un peu comme une plage. Ici, j'ai réellement la possibilité d'exercer le plongeon des dauphins. Vous pouvez également utiliser l'arrêt peu profond ou la pataugeoire. Attention : Assurez-vous de connaître l'intensité de l'endroit complet que vous utilisez, et dirigez continuellement avec vos doigts lorsque vous plongez au plus bas pour protéger votre tête et votre cou.

Respiration hypoxique

L'importance de la capacité pulmonaire est régulièrement négligée. L'eau libre peut sembler beaucoup moins intimidante si vous pouvez retenir votre souffle pendant une longue période ou si vous êtes à l'aise pour ne pas prendre l'air tous les trois coups. Des situations telles que la surprise de l'eau froide, le clapot et les éclaboussures, ou le plongeon sur la bouée ne sont pas inhabituelles tout au long d'une épreuve. Travailler sur un schéma respiratoire hypoxique, ou augmenter progressivement le nombre de coups de bras que vous prenez entre deux respirations, est une excellente façon de se préparer à certaines de ces situations. Par exemple, une série de 5 x 100 m dans laquelle vous respirez tous les trois coups au premier tour, tous les cinq coups au deuxième tour, tous les sept coups au troisième tour et tous les neuf coups (ou pas du tout) au dernier tour.

Tourner au milieu

Il est rare qu'un triathlon ou une épreuve de natation en eau libre comporte un virage à 180° sur le parcours, car il n'est pas agréable d'envoyer les nageurs de front en direction des concurrents. Les virages à 90 dipôles sont donc la norme. Imaginez qu'il y a une bouée au centre de votre couloir, nagez vers elle et faites un U-flip autour d'elle. Vous pouvez utiliser un coéquipier comme bouée, transporter une bouée gonflée, utiliser une marque au fond de la piscine, ou simplement votre imagination. Le tout est de savoir : Pratiquez vos virages ! Faites également quelques virages à 180 degrés - cela peut faire mal d'être trop préparé !

Trois large

La plupart des couloirs de natation ne font que quelques mètres de large. C'est juste assez d'espace pour vous entasser, vous et deux de vos coéquipiers, face à face. Faites des unités de 6x25m rapidement, où vous échangez la position dans laquelle absolument tout le monde commence. La place du milieu est la plus amusante et doit être disputée.

Drafting

C'est ici que le plaisir commence ! Prenez une série de longue durée, comme des répétitions de 300 ou 400, et placez des nageurs aux compétences similaires dans les mêmes couloirs. Chaque nageur doit commencer une seconde plus loin, essentiellement l'un après l'autre, et essayer de rester sur la pointe des pieds du leader. N'oubliez pas d'échanger qui mène le couloir après chaque intervalle.

Comment les utiliser

Ces exercices amusants et difficiles peuvent être intégrés à un exercice de natation régulier. Au bout d'un certain temps, l'apprentissage de la piscine peut devenir un peu répétitif (en particulier après 20 ans) et tout ce qui peut rompre l'ennui est une alternative bienvenue. Non seulement ces exercices vous donneront une touche d'amélioration mentale, mais ils vous prépareront également à votre premier, deuxième ou centième triathlon. Soyez créatif, authentique et ingénieux avec vos exercices. Ce ne sont que quelques suggestions pour encourager vos idées personnelles d'entraînement. Combinez quelques exercices (comme le Three Wide et le Water Polo) pour rendre chaque jour à la piscine encore plus agréable. N'oubliez pas que le plus important est de se sentir confiant et préparé lorsque vous êtes sur la ligne de départ.

Chapitre 2
Introduction à la propulsion

Deux facteurs clés de la natation rapide sont la réduction de la résistance et l'augmentation de la propulsion dans l'eau. Une fois que vous avez travaillé sur les techniques spécifiques permettant de réduire la résistance [lire la première partie : " Votre introduction à la résistance " ici] et d'améliorer le profilage, il est temps d'aborder la propulsion. Pour améliorer la propulsion, il faut d'abord et avant tout travailler la mécanique de la nage, puis devenir efficace dans l'utilisation d'une force sur l'eau. Les effets combinés de la stabilité du corps, de la carène et d'une mécanique de course appropriée sont à l'origine d'une natation plus rapide. Voici les 4 meilleures idées pour améliorer la propulsion et 6 exercices à intégrer à votre formation en natation.

Principes d'augmentation de la propulsion
No. 1 : Coude haut

La fonction de coude excessif se réfère à 2 phases de la nage libre : Le coude haut à un moment donné de la section de restauration (lorsque le bras est hors de l'eau) et tout au long de la section de capture (les premiers 0,33 de la phase de traction sous l'eau) de la nage.

Une position excessive du coude à un certain stade du segment de guérison de la course, dans laquelle l'avant-bras pend perpendiculairement au bras supérieur, est l'approche privilégiée car elle demande beaucoup moins d'efforts et facilite le maintien de l'alignement du corps. Un coude haut permet normalement à l'athlète d'avoir une excellente entrée de la main dans l'eau, directement dans le prolongement de l'épaule. Lorsque la fonction du coude n'est pas toujours excessive, il y a un risque accru que la main entre dans l'eau à la fois trop près du pinacle ou en travers de la ligne médiane du cadre.

Pendant la section de capture de la course, la flexion précoce du coude sous l'eau offre une grande surface de traction et initie le recrutement de l'énorme masse musculaire du dos, fournissant une électricité multipliée. Le coude haut est la clé de la phase de traction de la nage, au cours de laquelle l'avant-bras et la main sont dirigés vers l'arrière, en direction de la paroi arrière. Lorsque le coude est abaissé, les forces sont poussées vers le bas (pour la raison que l'avant-bras et la main font face au fond de la piscine). Par conséquent, la stabilité et la force sont affectées négativement.

N°2 : Engager le noyau dur

Lorsque la trappe haute du coude est effectuée avec le bras de traction qui est dans l'eau, elle présente un facteur d'ancrage à partir duquel le centre peut ensuite initier la puissance propulsive. L'engagement des tissus musculaires du bas du dos, de la hanche et du torse en synergie avec les tissus musculaires du bras permet d'exercer une pression supplémentaire à chaque coup et réduit la fatigue du bras. Plus la pression est forte, plus le rythme est élevé. Lorsque les groupes de muscles centraux ne sont pas engagés, le corps perd sa capacité à se déplacer dans l'eau en une ligne instantanée, à la manière d'une torpille. La question qui se pose alors est la suivante : comment engager la masse musculaire centrale ? Une posture haute dans l'eau, l'étirement du centre entre la cage thoracique et le bassin, la protection du nombril et une légère pression sur les groupes de muscles fessiers (fesses) sont autant de moyens de s'assurer que vous êtes conscient de l'utilisation de la masse musculaire nécessaire.

N°3 : Rotation et entraînement de la hanche

Les hanches font partie du milieu et elles constituent la pression de conduite vers l'avant en nage libre au lieu d'être simplement une partie du corps qui tourne. La clé est la connexion qui inclut le tronc, les hanches et les épaules à différents niveaux à un moment donné de la course. Le cadre doit pivoter sur le long axe vertical ou imaginaire qui va des orteils au pinacle. Lorsque cette connexion du cadre complet se produit du bout des doigts jusqu'au vol, ils travaillent pour faire avancer le cadre.

Le moment de la rotation de la hanche doit être à peine antérieur à celui de la rotation de l'épaule, de sorte que lorsque le corps tourne vers la gauche, la guérison du bras gauche se produit. Ce timing peut également être égal à celui du côté droit. Au fur et à mesure que la vitesse de la rotation augmente, l'élan est pris et le transfert d'électricité s'ensuit, ce qui contribue à créer un rythme solide et de l'électricité dans la course. Ce phénomène n'est pas très différent de celui d'un joueur de football lançant un ballon. Le lancer efficace est initié lorsque la force acquise par la rotation de la hanche et la puissance sont transférées dans l'épaule avant que le ballon ne soit lâché. En gardant à l'esprit que le bras et la main sont une extension du mouvement du cadre interconnecté, ce mouvement se produit dans la région.

De nombreux athlètes ont un aspect préféré sur lequel ils respirent. Une respiration fluide sur chaque face aidera à développer une symétrie de rotation appropriée et une rotation sur l'axe longitudinal. Il n'est pas toujours inhabituel pour les nageurs d'être en conflit avec une rotation suffisante du cadre sur leur facette faible. Une rotation inadéquate entraîne une nage à plat dans l'eau, ce qui augmente la traînée frontale et, en fin de compte, prescrit la période de la course. Un nageur qui effectue une rotation correcte autour de son axe long peut être en mesure d'inclure la rotation de l'épaule nécessaire et critique pour le segment de guérison et d'atteinte (lorsque la main principale atteint l'avant sous l'eau) de la course. Le fait d'être capable d'atteindre de manière similaire dans l'eau facilite une capture précoce et une plus grande quantité d'eau qui peut être déplacée pendant la durée de la phase de traction. [Pour en savoir plus sur le thème "Glissez-vous ou atteignez-vous", cliquez ici].

N° 4 : Le coup de pied

En se rappelant que la rotation se produit via l'axe long qui traverse toute la période du corps, un coup de pied efficace et correctement chronométré contribuera à embellir la rotation du corps afin de solliciter chacun des bras de traction et de récupération. Bien que les nageurs les plus exceptionnels au niveau international génèrent au mieux environ 10 % de leur allure à partir du coup de pied, la connexion de la chaîne cinétique, le rythme et la propulsion constante qui résultent d'un coup de pied efficace sont les éléments les plus importants.

Un coup de pied inefficace aura pour conséquence que les jambes et le corps s'enfonceront et que le nageur luttera pour maintenir une position aérodynamique.

Exercices de propulsion pour nager plus vite

Voici les principaux exercices qui vous aideront à prendre conscience de l'application de ces normes dans la pratique. Je recommande que tous les exercices, à l'exception de l'exercice du poing (n° 6), soient réalisés avec et sans palmes longues.

1. Coup de pied latéral avec rotation (exercices 6-1-6 et 6-three-6) : L'exercice 6-1-6 commence dans la position de stabilité latérale prolongée avec le bras inférieur tendu et tendu vers l'avant. Tous les trois coups de pied (ou toutes les quatre-cinq secondes), vous faites passer le bras supérieur par votre côté et votre coup entier. Lorsque vous entrez la main dans l'eau et tendez le bras vers l'avant, la main opposée (qui était la main de tête) est utilisée pour vous tirer et vous faire pivoter sur l'autre côté. Maintenez le placement sur l'aspect avant d'effectuer la rotation simple suivante. L'exercice 6-trois-6 est similaire à l'exercice 6-1-6 ; cependant, au lieu de terminer un coup, vous effectuez 3 coups avant de tourner sur l'autre côté. Concentrez-vous sur une rotation fluide et sur le maintien de l'alignement du corps. Cet exercice doit être effectué très lentement et avec détermination.

2. Exercice de rattrapage avec planche à roulettes : Cet exercice commence par une prise de conscience accrue de la nage libre. Cependant, il oblige également le cadre à se trouver dans une position longue avant de commencer la section de traction sous-marine de la nage. À l'aide d'une planche, commencez avec chaque main tendue et gardez-la devant vous. En commençant par le bras gauche, effectuez un cycle complet avant de le ramener vers la planche. Une fois qu'il a atteint la planche, faites le même cycle avec l'autre bras. Cette pause dans le mouvement vous donne le temps de prendre conscience d'un piège génial, d'une traction et de la rotation nécessaire pour commencer la récupération, tout en maintenant le bras opposé tendu et en l'atteignant.

trois. Exercice à un seul bras : Avec un bras tendu, effectuez des cycles complets sans bras. Bien que cet exercice soit un excellent exercice pour se spécialiser dans toutes les composantes de la course (récupération, entrée, prise, traction, poussée), pour l'utiliser afin d'aider à la stabilité et à l'alignement du corps, portez votre attention sur le rétablissement de l'excès de coude. Cela vous aidera à mettre en place un accès et une phase subaquatique formidables. Pour y parvenir, une rotation suffisante est nécessaire et le corps doit agir comme une unité non mariée. Une fois que vous avez terminé une demi-longueur ou une longueur complète avec un bras, passez au bras de remplacement. Cela vous permettra également de savoir si un point faible existe sur votre côté gauche ou droit.

quatre. Exercice d'entraînement du bout des doigts : Cet exercice peut être terminé à la fois comme un exercice de rattrapage ou comme un exercice de nage libre géré lentement. L'attention est portée sur une récupération confortable et un accès précis, car il oblige le nageur à maintenir son coude excessif même si ses paumes restent près de l'eau. Avec le bras de récupération, faites lentement glisser le bout de vos doigts à peine sous la surface de l'eau, en les y maintenant jusqu'à ce que la main entre dans l'eau. Si cet exercice est réalisé correctement, vous recevrez des remarques immédiates sur le fait que vos bras sont confortables et peuvent sentir l'eau.

cinq. Exercice Tarzan/Polo : Cet exercice de style libre est terminé avec la tête hors de l'eau et maintenue dans une fonction neutre, en regardant directement devant soi. L'accent sur cet exercice est mis sur la récupération excessive du coude, l'excellent accès et la capture du vert. Il permet de construire l'électricité du haut du cadre et de construire un turnover plus rapide et plus efficace.

6. Exercice du poing : Il s'agit d'un exercice sophistiqué qui, lorsqu'il est effectué efficacement, permet au nageur de ressentir la pression de l'eau au niveau de l'avant-bras pendant toute la phase de capture de la nage. Il encourage un coude précoce et haut tout au long de la capture. Mais en réalité, la nage libre se fait très lentement, avec les mains serrées en position de poing pendant toute la durée de la nage. Si le coup est précipité, vous n'obtiendrez pas la sensation que vous recherchez. C'est l'exercice le plus efficace que je puisse recommander de faire sans palmes car vous devez faire attention aux commentaires que vous recevez (la pression sur les avant-bras) lorsque vous réglez votre fonction d'attrape à un moment donné de l'exercice. Cet exercice est également très efficace lorsqu'il est combiné avec du freestyle régulier (exemple : 25 yards fists/25 yards free) car il vous permet de sentir l'énergie délivrée par le trou des mains et le coude supérieur.

Remarque : il est recommandé de réaliser cet exercice sous l'œil attentif d'un éducateur afin de s'assurer que les pouces n'entrent pas dans l'eau en premier. Cela entraînera une rotation interne excessive de l'épaule, ce qui peut entraîner des problèmes d'épaule.

Introduction à la drague

L'intensité et la durée des exercices de natation sont assurément essentielles lorsqu'on cherche à nager vite. Avec l'essor de ces composantes, la condition physique s'améliore et le rythme s'accélère, mais seulement jusqu'à un certain point. Un entraînement plus difficile et plus long a ses limites. Pour la plupart d'entre nous, le temps dont nous disposons pour nager est très limité et l'intensité que le corps peut supporter est très faible. À un certain moment, l'augmentation de l'intensité et de la durée ne sera plus suffisante pour appréhender des gains en natation.

Cela nous amène à la composante clé opposée de la rapidité de la natation, à savoir la technique. Plus précisément, les 2 aspects de celle-ci sont :

1. Diminution de la traînée dans l'eau

2. Augmenter la propulsion dans l'eau

L'eau est plus dense que l'air. La traînée dans l'eau augmente en fonction du carré de la vitesse de nage. Cela signifie qu'à mesure que nous nageons plus vite, les effets de la traînée deviennent plus perceptibles. Étant donné que la diminution de la traînée fait appel à la capacité plutôt qu'à l'application d'une pression pour accroître la propulsion, la marge d'amélioration peut être plus grande. En gardant cela à l'esprit, voici mes 5 concepts clés et mes 10 meilleurs exercices pour aider à réduire la résistance.

Principes de réduction de la traînée

N° 1 : Travailler sur l'équilibre

Améliorer la stabilité dans l'eau est la première et principale façon de réduire la traînée. Plus vous restez horizontal dans l'eau, moins l'eau est déplacée et, par conséquent, meilleure est votre stabilité. Si le haut est positionné de manière trop excessive dans l'eau ou est soulevé lors de la respiration, les hanches et les jambes s'abaissent. La position aérodynamique est compromise et une résistance supplémentaire est créée.

N°2 : Nagez en hauteur

Se rendre aussi "long" que possible dans l'eau est comparable à un kayak de course effilé qui se déplace dans l'eau plutôt qu'un petit kayak de loisir arrondi. Le kayak de course crée beaucoup moins de turbulences parce qu'il se déplace dans l'eau que le bateau compact. Moins de turbulences équivaut à un déplacement d'eau beaucoup moins important et, une fois de plus, à une diminution de la traînée. La nage en hauteur exige qu'à l'entrée dans l'eau avec les mains, vous continuiez à tendre le bras vers l'avant, tout en pivotant pour prendre une respiration.

N° 3 : Tête neutre

Le fait de garder le pinacle dans un rôle aligné et neutre (c'est-à-dire en phase avec votre cadre, avec simplement votre visage dans l'eau) aidera à la rationalisation. Concentrez-vous sur les hanches pour diriger la rotation, puis laissez la tête suivre. En minimisant le mouvement de la tête, vous réduirez le déplacement de l'eau.

N°4 : Coup de pied compact et efficace

Les recherches suggèrent que même les nageurs olympiques de qualité ne génèrent qu'environ 10 % de leur vitesse à partir du coup de pied. Alors que la performance du coup de pied est essentielle pour nager vite, principalement pour ceux qui participent aux épreuves de nage libre sur 100 mètres (pour aider à créer la propulsion), un coup de pied compact est plus important pour les triathlètes, l'objectif étant de réduire la traînée. Ainsi, le coup de pied ne doit pas passer trop bas sous la ligne du corps ou endommager le sol.

No. 5 : Exhale

Retenir sa respiration pendant que le visage est immergé crée une flottabilité supplémentaire. Bien que cela semble être un élément étonnant, le problème est que la flottabilité supplémentaire se produit dans la moitié supérieure du corps. L'impact résultant est qu'il fait couler les jambes. Lorsque le visage est dans l'eau, vous devez continuellement expirer par la bouche, le nez ou un mélange des deux - selon ce qui vous convient le mieux. Cela vous aidera également à vous assurer que les poumons sont prêts à recevoir une inspiration complète.

Voici mes dix exercices phares pour vous aider à vous concentrer sur l'application de ces 5 idées dans l'exercice. Ces exercices doivent être effectués avec de longues palmes pour maximiser leur impact. Essayez d'exécuter chaque exercice lentement.

Exercices pour nager plus vite

1. Coup de pied sur le dos : Mains et doigts tendus au-dessus de la tête. Concentrez-vous sur le fait de garder les hanches hautes dans l'eau et votre tête dans une position neutre. Détendez-vous, vous respirez.

2. Coup de pied vertical : À partir d'une position verticale dans la partie profonde de la piscine, les paumes des mains sur les côtés, utilisez un coup de pied flottant pour maintenir votre tête hors de l'eau. Essayez de maintenir les jambes droites et les pieds pointés. Au fur et à mesure que vous gagnez en puissance, vous pouvez commencer à ajouter une rotation de 90 degrés à chaque aspect avec une pause au centre. Visez à provoquer la rotation à partir des hanches et des jambes et non du cadre supérieur dans le but de faire tourner le cadre comme une seule unité. Pour une version plus avancée, essayez de booster vos bras pendant des durées de 10 secondes.

3. Frapper à nouveau avec la rotation : Cet exercice permet de prendre conscience d'un excellent rôle de cadre et de travailler la rotation de votre axe longitudinal. En position horizontale sur le dos, les bras sur les côtés, faites pivoter votre corps vers l'extérieur de 90 degrés. Maintenez l'endroit momentanément (trois-cinq secondes) avant de pivoter sur le dos et sur l'autre côté. Laissez les hanches diriger la rotation et veillez à maintenir le haut du corps dans une position neutre. Allez-y doucement et détendez votre respiration.

quatre. Mur de poussée sous-marin : Cet exercice vous permet de prendre conscience de la fluidité de votre corps dans l'eau. Sur le ventre, prenez une grande inspiration, plongez sous l'eau et poussez fort sur le mur. En restant sous l'eau et avec les mains tendues en forme de torpille, donnez des coups de pied jusqu'à ce que vous vouliez remonter à l'air avant de répéter l'exercice. Ne retenez pas votre souffle ; laissez plutôt l'air s'échapper lentement par vos narines et votre bouche.

cinq. Coup de pied sur le ventre avec les bras tendus : Commencez dans la même position que pour l'exercice précédent, avec les mains en torpille (paumes jointes au-dessus de la tête, coudes tendus). Effectuez cet exercice au fond de l'eau, en visant un coup de pied à peine sous la surface. Gardez la tête alignée de manière à ce que vos oreilles se trouvent entre vos épaules. Concentrez-vous sur une expiration constante pendant que la tête est dans l'eau. Relevez la tête pour respirer.

6. Coup de pied sur le ventre avec les bras par les côtés : Commencez face contre terre dans l'eau, la tête dans un rôle impartial aligné avec votre colonne vertébrale et les paumes de mains par les côtés. Effectuez de petits coups de pied compacts. Faites une rotation pour respirer sur les côtés. Menez avec les hanches et prenez conscience de la rotation en une seule unité. Viser à maintenir la partie inférieure de la lunette dans l'eau et expirer au cours de la rotation.

7. Équilibre sur le côté allongé : Commencez sur le ventre, le bras inférieur tendu et tendu vers l'avant. Il doit se trouver juste en dessous du fond de l'eau. Visez à appuyer l'oreille sur

l'épaule. La tête doit être dans une position neutre et alignée dans l'eau, les yeux regardant légèrement vers la main principale. Le nombril doit être tourné vers la paroi latérale. Expirez pendant que la tête est dans l'eau, puis lorsque vous tournez la tête pour respirer, ayez l'intention d'avoir un masque dans l'eau et un masque hors de l'eau (puisque c'est la position appropriée sur votre tête pendant que vous tournez pour respirer). Le bras supérieur passe par votre côté. Utilisez un coup de pied régulier en faisant attention à garder les jambes droites et à ne pas plier au niveau du genou. Faites une longueur de piscine sur un côté, puis passez à l'autre côté.

8. Équilibre latéral : Cet exercice se fait de manière similaire à l'exercice précédent ; cependant, les deux bras sont positionnés sur les bords. Effectuez cet exercice pour commencer avec des palmes. La rotation peut être introduite dans cet exercice, où vous commencez dans une fonction de facette après quoi vous tournez lentement vers l'aspect opposé. Visez à maintenir le corps long et aligné pendant la rotation. Maintenez l'emplacement de chaque côté avant de répéter la rotation.

9. Aileron de requin : Commencez cet exercice dans la position d'équilibre en extension (exercice n° 7). Faites lentement glisser votre bras supérieur en aileron de requin, comme illustré ci-

dessous, puis ramenez-le sur le côté. Cet exercice peut également être pratiqué en position de stabilité latérale (exercice n° 8). La position de l'aileron de requin vous permettra d'améliorer votre équilibre et vous aidera à vous sentir à l'aise avec la restauration du coude haut afin de vous préparer à l'accès à la main.

10. Coup de pied torpille sur le mur : Cet exercice est similaire à la poussée sous-marine sur le mur (exercice n° 4). Cependant, cet exercice est effectué sur le fond de l'eau. Poussez sur le mur, les bras tendus, les doigts joints et le visage dans l'eau. Donnez des coups de pied vigoureux jusqu'à ce que vous ayez besoin de respirer. Arrêtez et nagez lentement en revenant vers le mur. Concentrez-vous sur le fait de pointer vos pieds - et de les pointer à peine vers l'intérieur pour que les pieds massifs se frôlent presque - et de donner des coups de pied à partir de la hanche. Gardez vos genoux confortables (mais pas pliés) et donnez des coups de pied à partir de la hanche. Vous devez sentir l'engagement des muscles fessiers (arrière).

Chapitre trois
Les principes fondamentaux d'une natation plus rapide

Voici quelques conseils pour mieux nager.

1. Commencez par votre approche.

Sauter dans une piscine et faire quelques séries à la profondeur maximale est un exercice remarquable ; cela ne fait aucun doute, mais combien de ces nages sont accomplies avec une approche exquise ?

Il est tentant de devoir baser nos performances globales dans la piscine sur l'effort pur et la volonté, cependant si vous êtes critique sur le fait de vouloir nager plus vite, vous devez également nager avec attention et intention. Lorsque vous enseignez délibérément, cela signifie que vous effectuez vos routines d'entraînement de natation avec chaque tentative et chaque conscience.

Le dernier fondement d'un bon nageur est d'avoir une excellente technique. Au fur et à mesure que vous vous développez, une technique négative agit comme un plafond de verre sur vos capacités, un point sur lequel nous pourrons revenir dans quelques instants.

2. Franchissez une étape à la fois.

Il est difficile d'essayer de changer de technique en bloc et vous vous sentirez dépassé. Concentrez-vous sur une seule chose à la fois jusqu'à ce que vous la maîtrisiez parfaitement, puis passez directement à la chose suivante.

À l'inverse, si vous devez absolument travailler sur des aspects uniques de votre course et de votre entraînement, commencez par les séparer en utilisant le set.

Ainsi, par exemple, pendant la durée de votre échauffement, vous vous concentrerez sur le maintien d'une prise de coude haute. Pendant la préparation, vous travaillerez sur le roulement du corps. Au fur et à mesure qu'ils deviendront des éléments fixes de votre nage, ils se fondront dans votre nage quotidienne.

Concentrez-vous sur un seul élément et faites-le incroyablement bien dans la piscine.

3. Obtenez un retour d'information.

Nos préjugés sont presque illimités. Ils exagèrent nos peurs, minimisent nos forces et nous font croire que nous avons travaillé plus dur que prévu sur ce plateau. Ils s'étendent également à la façon dont nous percevons notre technique.

L'entrée de la main semble ne plus être aussi large que nous l'imaginons. Nous laissons tomber notre coude alors qu'il est usé, sans le savoir. Et ainsi de suite.

Le fait de disposer d'un entraînement, ou de commentaires vidéo dans le cas d'un entraînement en solo, vous aidera à identifier rapidement les erreurs dans votre méthode.

Il y a de nombreux mètres et yards à nager devant vous, et il est essentiel de bien maîtriser sa nage avant de s'y lancer. Plus vous avancez dans votre carrière de nageur, plus il devient difficile d'apporter des modifications et de changer d'itinéraire.

Pratiquez, obtenez un retour d'information, appliquez-le, et répétez.

4. Imitez les pros.

L'une de mes méthodes préférées pour me motiver avant d'aller à l'école consiste à regarder deux vidéos YouTube de certains de mes nageurs préférés.

Qu'il s'agisse de la nage libre pratique et fluide de Matt Biondi ou de regarder Phelps ou Lochte exécuter des coups de pied de dauphin sous-marins monstrueux, le fait de regarder d'autres nageurs nager de la manière dont je dois nager m'aide à intérioriser les actions pour une fois que je serai dans l'eau plus tard.

Nous réagissons bien au mimétisme grâce à un phénomène connu sous le nom de neurones réflecteurs dans notre cerveau, qui nous permet d'intérioriser les mouvements et les gestes des autres, ce qui donne du crédit à l'expression "le singe voit, le singe fait".

5. Saisir la performance.

L'eau présente une résistance. Un tas de résistance. Étant près de 800 fois plus dense que l'air au niveau de la mer, les nageurs sont toujours en guerre contre la résistance de l'eau.

Qu'il s'agisse de la rationalisation, du rasage de notre corps ou de l'enfilage de combinaisons technologiques hors de prix, nous sommes constamment confrontés à la densité de l'eau.

Nager ne consiste généralement pas à devenir plus puissant ou plus efficace, mais à être plus vert. Si vous examinez le cadre d'un nageur, vous commencez à comprendre ce que je veux dire ; ils sont construits de façon à être minces et conçus pour résister à la densité de l'eau. Michael Phelps, du haut de son mètre quatre-vingt-dix, pèse *au mieux* environ 190 livres.

Lean, efficace.

Alexander Popov, sans doute le meilleur freestyleur de tous les temps, nage souvent de longues périodes de nage libre, tout en explorant les coins et les recoins de sa nage, cherchant sans cesse des moyens de la rendre plus efficace et plus facile à glisser dans l'eau.

Cherchez à rendre votre coup plus vert en l'allongeant, tout en gardant un profil bas dans l'eau.

6. Pratique, pratique, exercice.

Les meilleurs nageurs donnent l'impression d'être extrêmement propres, n'est-ce pas ? Nous pouvons regarder une personne comme Michael Phelps nager et nous dire que parce qu'il semble si détendu, il doit être lisse.

La nage détendue masque un niveau de maîtrise et une volonté impitoyable de s'entraîner mieux et plus vite au fil des années d'entraînement. Ils ont gagné cette nage "douce" et efficace en parcourant des kilomètres et des kilomètres de mètres et de verges ciblés dans la piscine.

Que votre objectif soit de participer aux Jeux olympiques ou de faire partie de l'équipe universitaire de votre lycée, il faut faire de l'exercice.

Il faut afficher et installer les répétitions.

Nager avec une approche merveilleuse et un effort extraordinaire pendant quelques longueurs, c'est bien ; le faire à plusieurs reprises pendant des semaines, des mois et des années, c'est de la grandeur.

7. Mesurer et progresser.

La natation est une récréation de chiffres. Le nombre de coups, la fréquence des coups, les intervalles et les coûts cardiaques s'additionnent pour faire du rêve du statisticien une réalité.

Plus important encore, ils vous fournissent des repères très spécifiques et mesurables que vous pouvez travailler à faire progresser et à améliorer au fil du temps.

Concentrez-vous sur la gamme qui compte le plus pour vous et peignez pour l'améliorer.

La progression devrait être le but ultime de semaine en semaine dans la piscine. Après tout, le développement agit comme une perfusion motivante, présentant une sensation régulière et constante d'élan dans le but de vous maintenir ciblé et inspiré à peindre dur sur la piscine.

Qu'il s'agisse de parcourir des kilomètres supplémentaires au rythme de la course, d'effectuer plus de cent mètres à un intervalle spécifique ou de conserver un certain nombre de coups de bras sur des distances de plus en plus longues, il existe un nombre illimité de façons de perfectionner et de développer votre natation.

Exercices secrets de vitesse en natation

DRILLS

Exercice du crâne debout

Au cours de cet exercice, vous allez faire l'expérience de la prise de l'eau sur vos avant-bras et les doigts de vos paumes de main afin d'appréhender la manière de prendre appui sur l'eau. Pour effectuer cet exercice, tenez-vous debout dans la piscine, jusqu'à la poitrine (pliez les genoux si nécessaire), avec les paumes de mains à 4 ou 5 pouces du sol, parallèles au fond de la piscine. Dirigez vos paumes supérieures vers l'extérieur, légèrement plus larges que la largeur des épaules ; vos paumes supérieures restent dans cette position pendant l'exercice.

Commencez par plier les coudes et placez vos mains/avant-bras devant vos épaules en les inclinant à 45 degrés de manière à ce que vos mains soient éloignées l'une de l'autre (le pouce est le point le plus bas, le petit doigt le point le plus haut). En partant du coude, éloignez vos doigts/avant-bras de chaque côté (c'est le mouvement d'extension), en redressant progressivement votre coude, jusqu'à ce que vos bras soient plus larges que vos épaules de 8 à 12 pouces. À la fin du mouvement d'extension, inversez rapidement la direction de vos paumes/avant-bras de sorte que vos mains soient face à face à un angle de 45 degrés (le petit doigt est maintenant le point le plus bas et le pouce le point le plus haut) et appuyez vers l'intérieur, en pliant le coude (c'est le mouvement d'extension). Faites un balayage interne jusqu'à ce que vos mains/avant-bras soient devant vos épaules, puis faites le chemin inverse et recommencez pour un balayage externe sur deux. Pour bénéficier des avantages de cet exercice, veillez à maintenir votre bras supérieur stable, en travaillant au mieux avec votre coude. Cet exercice développe la coordination et la force du coude, ce qui est important dans les trois niveaux de la traction sous-marine.

Foreuse à godets horizontaux

Les mêmes mouvements d'entrée et de sortie de la main et de l'avant-bras que pour l'exercice du crâne debout, mais vous êtes maintenant allongé dans l'eau, face au sol, les bras dans la fonction de trapèze du coude haut, pendant que vous descendez la durée de la piscine.

Pour faire de la godille horizontale, poussez sur le mur dans une position aérodynamique, puis faites surface, en gardant chaque main devant la tête. Tendez vos bras supérieurs vers l'avant en utilisant l'allongement de la masse musculaire qui entoure l'omoplate. Vos mains supérieures doivent être levées, arquées vers l'extérieur de 3 à 4 pouces de plus que votre ligne de corps latérale, et retournées/tournées à peine pour que les coudes pointent vers le haut. Maintenez vos doigts supérieurs stables sur cette fonction de coude excessif à un moment donné de l'exercice.

Foret Tarzan

Nagez votre mouvement de nage libre habituel, mais maintenez votre tête hors de l'eau en regardant droit devant vous pendant tout le temps. Votre course sera peut-être un peu plus hachée/courte, et votre rotation augmentera. Cet exercice est formidable pour développer la puissance et le roulement naturel, ainsi que la traction sous-marine, car vous devez rester dans l'eau correctement pour passer devant tout en gardant la tête hors de l'eau.

Exercice de la pagaie du chien

Simulez la nage libre mais conservez votre tête hors de l'eau et vos bras sous la surface de l'eau pendant toute la durée de l'exercice. Ne vous améliorez pas au-dessus de l'eau comme vous le feriez pendant une nage libre normale. Au lieu de cela, après avoir terminé près de votre hanche, glissez votre main/avant-bras sous votre cadre, près de votre corps, et descendez jusqu'à l'extension devant votre tête.

Exercice à un bras

Sur cet exercice, un bras reste en appui sur le pupitre en même temps que le bras opposé tire. La raison de cet exercice à un bras est de faire attention à la traction sous l'eau d'un aspect sans se soucier du timing de la course complète. Tenez le bras lié au pupitre sur votre côté ou devant votre tête. Il est plus difficile de laisser le bras fixe sur le côté ; essayez-le lorsque vous vous sentez suffisamment fort et que vous pouvez coordonner correctement la respiration et la pression centrale.

Vous pouvez vous concentrer sur n'importe quel élément de l'approche de la frappe à un moment donné de l'exercice à un bras, comme (1) le mouvement en arc de cercle de votre bras supérieur parce qu'il va dans la saisie haute du coude, (2) l'inclinaison de votre main/avant-bras tout au long de la section diagonale de la frappe, ou (3) l'inclinaison de la main qui se rapproche de la hanche pour l'arrivée.

Exercice à un bras avec planche à roulettes

Comme ci-dessus, mais en plaçant le bras qui ne frappe pas sur le sommet d'une planche. Cet exercice fournit une autre perspective à partir de laquelle travailler tous les niveaux de la traction sous-marine, en particulier la saisie du haut du coude.

Placez votre main qui ne frappe pas à plat sur le sommet du centre de la planche. La tête hors de l'eau, regardez droit devant vous et frappez avec la main ou le bras qui travaille, en vous concentrant sur la prise et la sensation de l'eau. De temps en temps, observez votre main et votre avant-bras lorsqu'ils entrent dans l'eau pour vous assurer qu'ils se dirigent vers le rôle de coude excessif. Pendant que vous nagez, sentez votre chemin dans la saisie en arquant votre bras supérieur de trois ou quatre pouces vers l'extérieur pendant que vous dirigez votre main/avant-bras graduellement vers le bas, tout ceci prenant place à l'avant de votre tête le long de la planche. La taille n'est pas un mouvement brusque et agité. Une expérience solide et réfléchie de l'eau doit accompagner la mécanique de la traction à tout moment.

Press-outs

Placez vos bras sur la plage de la piscine en les écartant à peine de la largeur des épaules, le corps à hauteur de poitrine dans l'eau. En évitant que vos jambes ne dépassent le fond de la piscine, utilisez uniquement l'énergie de votre cadre supérieur et appuyez sur les bras en position directe. Notez que lorsque vous commencez votre pression, vos avant-bras doivent être parallèles au niveau de l'eau ou au pont, les coudes pointant derrière vous afin d'engager les tissus musculaires entourant votre scapulaire. De nombreuses personnes font l'erreur de placer leurs coudes vers le haut, avec l'avant-bras perpendiculaire au sol du pont, lorsqu'elles font leur sortie, ce qui exerce une pression malsaine sur l'articulation de l'épaule et n'entraîne pas d'interaction avec les muscles entourant l'omoplate. Après avoir adopté d'urgence une position immédiate du bras, redescendez le cadre dans l'eau, à hauteur de la poitrine, pour le press-out suivant.

Technique de tubage

Réglage de la position du coude excessif : Placez vos doigts entre la prise en charge en plastique et une sangle en nylon. Passez la sangle autour de vos paumes de manière à pouvoir tenir les bras à plat et ouverts, avec les mains droites ; pas de coup de poing. Levez votre bras supérieur à la hauteur de l'épaule et faites un arc de cercle de trois à quatre pouces plus large que le côté latéral de la ligne de cadre, de manière à ce que le rôle soit légèrement plus large que la largeur des épaules. Faites pivoter/tourner légèrement le bras supérieur de façon à ce que les facteurs de coude soient en haut. Tendez le bras vers l'avant en faisant appel aux muscles qui s'attachent à l'omoplate. Gardez votre poignet directement au niveau de l'avant-bras et pliez le coude pour diriger l'avant-bras et les paumes vers le bas.

Tirer le bas du dos : Appuyez sur le bas du dos avec l'avant-bras et la main, les doigts pointant vers le sol simulant la phrase de capture du coude excessif. Lorsque la main/l'avant-bras passe sous votre tête, la section diagonale commence. Serrez votre bras supérieur plus près de votre aisselle, comme si vous pressiez un ballon. Au fur et à mesure que le bras supérieur se serre, inclinez votre main/avant-bras de 3 à 5 rangs vers l'intérieur pour le diriger sous votre corps. Votre coude reste pointé vers l'extérieur, ainsi que votre bras supérieur à l'extérieur de la frange postérieure du corps. Une fois que votre main est passée sous votre nombril, la section finale exige que vous fassiez un angle de trois à cinq degrés vers l'extérieur pour diriger votre main en direction de votre hanche. Redressez le coude/bras à la fin, mais ne le verrouillez pas.

Récupération : Après avoir terminé la traction, ramenez votre main/avant-bras à la position de départ par un parcours bas. Ne simulez pas le segment de récupération sur l'eau de la nage libre, car la tension de la tubulure pourrait en plus rebondir trop fort et causer des dommages à votre épaule.

Un exercice pour les triceps seulement :

Cet exercice, qui est un mouvement serré et rapide, entraîne une plus grande énergie du bras et le segment final de la nage libre.

Pour faire l'exercice, pliez la taille comme vous le feriez pour des tractions complètes sur le tube. Commencez par placer vos mains juste devant le bord extérieur de vos hanches, le long de votre cuisse supérieure, le bout des doigts et les avant-bras pointant verticalement vers le sol. Vos coudes doivent être pliés à 90 degrés. Vos doigts supérieurs doivent être contre le périmètre de votre corps, et ils doivent rester dans cette position tout au long de l'exercice ; cela exige une stabilité exceptionnelle des épaules et du milieu, et pour de nombreuses personnes, c'est la partie la plus difficile de l'exercice.

Des éléments pas si importants pour nager vite

Il existe des déclarations formidables selon lesquelles la mécanique de traction et le sens de l'eau constituent le facteur critique de notre sport. Sur les 10 points à travailler d'un point de vue technique, les deux premiers ont plus d'effet que tout autre sur la capacité d'un nageur à atteindre sa pleine capacité.

Mais qu'en est-il des quatre-vingt pour cent restants des facteurs d'approche de la nage libre, de ce qu'ils impliquent et de l'importance que nous devons leur accorder ? Tout d'abord, nommons-les.

Voici le modèle des 80/20 de Pareto en natation :

- Les éléments vitaux : Les 20 % qui ont 80 % d'impact
- Mécanique de traction
- Sentir
- Les éléments non vitaux : Les quatre-vingts pour cent qui ont un impact de vingt pour cent
- Récupération en mer
- Entrée
- Extension
- Équilibre de la ligne d'axe
- Chronométrage de la course
- Coup de pied
- Respiration
- Rôle de la tête et du corps

Les éléments non vitaux sont classés comme tels pour une ou plusieurs des raisons suivantes :

Ils n'ont désormais plus d'impact sur les performances globales de la traction.

Ils ne peuvent pas être réalisés correctement avec une mécanique de traction négative. En d'autres termes, la traction est un prérequis.

Ils sont plus simples à rechercher que la traction et ne demandent donc plus beaucoup d'attention.

Ne croyez pas, cependant, que les facteurs non vitaux peuvent être ignorés. Ils ont un impact sur les performances et nécessitent donc une attention particulière. En les classant comme non vitaux, mon intention est de souligner que vous ne devez plus renoncer à vous concentrer sur les éléments vitaux plus difficiles en vous focalisant sur différentes parties de la frappe. Ces éléments doivent être compris et abordés en quantité appropriée dans l'enseignement.

Le principe de natation de Pareto

Le principe de Pareto (également connu sous le nom de règle des 80-20, de règle du petit nombre vital et de principe de la rareté des facteurs) stipule que, pour de nombreuses activités, plus ou moins 80 % des résultats proviennent de 20 % des causes. Chez One with the Water, nous inversons cette règle et l'appliquons à toutes nos routines d'entraînement et leçons !

Il s'agit d'un processus en deux étapes. La première étape est la planification, la seconde l'exécution.

PLANIFICATION

L'un des aspects remarquables de la règle 80/20 est qu'elle est mathématique, ce qui rend la planification incroyablement facile. Tout ce que vous avez à faire est de créer un programme dans lequel environ quatre-vingt pour cent de votre temps d'instruction hebdomadaire global (et non plus de la distance) dans chaque zone est passé à faible profondeur.

Bien sûr, pour y parvenir, vous devez d'abord savoir ce que signifient pour vous une profondeur faible, légère et excessive. Comme nous l'avons vu plus haut, la limite entre la faible et la légère profondeur est le premier seuil ventilatoire, qui se situe à environ 77 % de la fréquence cardiaque maximale chez le triathlète régulièrement entraîné. Pourquoi ce seuil et non plus le seuil de lactate, plus connu, qui est un peu plus élevé ? Parce que les recherches menées par Stephen Seiler et d'autres indiquent qu'un entraînement légèrement supérieur au seuil ventilatoire est beaucoup plus inquiétant pour la machine inquiète qu'un entraînement légèrement inférieur à ce seuil, même lorsque la profondeur reste inférieure au seuil de lactate. La limite entre une profondeur modérée et une profondeur élevée est le deuxième seuil ventilatoire, ou le facteur de remboursement de la respiration, qui se situe autour de 92 % de la fréquence cardiaque la plus élevée chez le triathlète ayant reçu une éducation traditionnelle.

Mon complice David Warden a créé un calculateur en ligne qui permet de déterminer facilement les zones d'entraînement des personnages en natation, en cyclisme et en course à pied. Nous utilisons un schéma de 5 quarts dans lequel les zones 1 et 2 sont de faible intensité, la zone 3 est d'intensité modérée, et les zones 4 et 5 sont de profondeur excessive.

Notez qu'il est très important de suivre la règle des 80/20 pendant que vous poursuivez activement la préparation de la plupart des courses, ce que vous devez cesser de faire à un moment donné de l'année. Pendant l'intersaison et au début de l'entraînement de base, il est bon de faire un peu moins de 20 % de votre entraînement à des intensités faibles et élevées. Cela vous permettra de développer doucement votre santé jusqu'à un degré qui vous permettra de passer à un entraînement 80/20 pour la poussée finale vers la compétition.

INTERVALLES DE HAUTE INTENSITÉ

Notez en outre que dans les routines d'entraînement par intervalles d'intensité excessive, l'ensemble du bloc de langue c, y compris les récupérations actives, doit compter comme du temps passé à une profondeur élevée. C'est parce que faire ainsi plus grand comme il devrait être affiché dans lequel votre fréquence cardiaque est certainement au cours de la session. Par exemple, supposons que vous fassiez un ensemble de périodes de programme de vélo c langue avec huit x 1 minute à haute intensité avec des récupérations de faible profondeur de 2 minutes entre les périodes. Dans ce cas, votre fréquence cardiaque passera près de 24 minutes dans la plage de profondeur élevée, même si vous ne produisez que des sorties énergétiques de haute intensité pendant 8 minutes.

SWIMMING

Les exercices de natation sont presque toujours délibérés dans la distance. Lorsque vous planifiez votre entraînement de natation selon la règle des 80/20, tenez compte du fait que vous pouvez couvrir des distances identiques en beaucoup moins de temps à des intensités plus élevées qu'à des intensités plus faibles. Si vous proposez de couvrir environ 75 % de votre distance de natation hebdomadaire à faible profondeur, vous finirez par passer environ 80 % de votre temps de natation hebdomadaire à faible intensité.

Exécution

Planifier l'enseignement en utilisant la règle des 80/20 est un aspect. Faire réellement ses kilomètres en est un autre. Sur un plan réaliste, s'aligner sur cette règle demande de ralentir un peu les entraînements qui peuvent être destinés à être réalisés à faible profondeur. Une majorité de triathlètes de loisir s'auto-sélectionnent inconsciemment des vitesses de natation, de vélo et de course à pied qui peuvent être à peine supérieures au seuil ventilatoire lors des séances de conditionnement aérobie de base. En d'autres termes, alors que les athlètes pensent être à faible profondeur, ils sont en réalité à faible intensité, un phénomène que j'appelle "cécité à la profondeur".

Pour surmonter la cécité à la profondeur, il faut suivre régulièrement les mesures d'intensité applicables, telles que la fréquence cardiaque, le rythme et la force, et accepter d'aller un peu plus lentement que ce que votre corps désire. Cette transition s'avère étonnamment difficile pour de nombreux athlètes, qui ont du mal à échapper à l'inertie de la dépendance et/ou à croire que le ralentissement leur sera réellement bénéfique.

Il faut de la volonté et de la retenue pour mener à bien cette transition, mais ceux qui le font sont toujours bien récompensés. Tout d'abord, vous remarquerez peut-être que vous vous sentez plus à l'aise dans vos séances d'entraînement de faible intensité et que vous les appréciez davantage. Ensuite, vous découvrirez peut-être que vous vous sentez plus vif lors de vos entraînements plus difficiles et que vous les réalisez mieux. Ensuite, vous connaîtrez un développement accéléré de votre santé. Et enfin, vous réaliserez une percée dans vos performances globales lors de votre prochaine course. À ce moment-là, il se peut que vous soyez absolument convaincu et accro à jamais à l'éducation des 80/20.

Chapitre quatre
Cours de natation

Comment nager le dos crawlé

Apprendre à nager le dos crawlé est une chose que vous pouvez éduquer vous-même. Suivez ces étapes pour découvrir comment nager le dos.

Position du corps en dos crawlé

Le rôle du corps en dos crawlé est parallèle à la surface de l'eau ; la position de votre tête peut contrôler ce qui se passe. Pensez à une ligne droite partant du sommet de votre tête, descendant le long de votre colonne vertébrale, et rendez cette ligne parallèle à la surface de l'eau. Votre nez doit pointer vers le ciel/plafond. Vos épaules doivent être roulées vers l'avant, ce qui rend votre dos légèrement courbé, comme la proue d'un bateau.

Commencez par vous mettre sur le dos et décollez d'un mur, mettez-vous dans la position parallèle et mettez vos doigts sur vos cuisses, les bras en l'air ; roulez vos épaules vers le haut et vers l'intérieur, sur votre poitrine, gardez la tête en arrière, le nez en l'air, avec l'eau au niveau de vos oreilles. Continuez à vous entraîner à vous mettre dans cette position à partir d'une poussée sur un mur jusqu'à ce que vous vous sentiez à l'aise.

Le coup de pied de dos

L'élément à retenir pour le battement de jambes sur le dos est de faire un certain nombre de bulles ; faites bouillir l'eau à l'aide de vos pieds. Frappez avec des jambes particulièrement immédiates, donnez un coup de pied supplémentaire à partir des hanches, relâchez vos chevilles et allez, passez, traversez. Si vos genoux sortent de l'eau, vous les laissez trop plier.

Poussez sur le mur, mettez-vous en position parallèle, les bras pour les jambes, et rentrez les épaules, et commencez à donner des coups de pied. Et botter. Et botter. Rappelez-vous de tenir la musique de où vous êtes dans la piscine, ne vous frappez pas la tête sur le mur.

03

de 07

Coup de pied de dos et roulement du corps

Une fois que vous avez réussi à donner des coups de pied tout en restant allongé sur le dos dans la fonction parallèle, vous pouvez commencer à ajouter quelques rotations du corps. Pendant que vous donnez des coups de pied, soulevez une épaule hors de l'eau, laissez l'autre épaule tomber sous l'eau - maintenez votre ligne parallèle - préservez votre tête en arrière, le nez pointant vers le haut - maintenez les coups de pied - puis changez d'épaule.

Frappez avec une épaule en l'air pendant 3 à 10 coups de pied, puis passez à l'autre épaule en l'air. Répétez. Répétez. Répétez.

J'espère que vous voyez l'échantillon ici. Travaillez sur chaque talent de natation jusqu'à ce que vous soyez à l'aise, puis passez au suivant. Si vous passez directement au talent suivant et que vous avez ensuite l'impression de perdre les détails de l'aptitude précédente, pas de problème. Revenez en arrière de quelques pas et recommencez.

Respiration

Hmmmmm. Votre visage est hors de l'eau à tout moment. Quand respirez-vous en nageant en dos crawlé ? Plus ou moins chaque fois que vous le voulez ! Un schéma normal consiste à inspirer lorsqu'un bras est en l'air et à expirer lorsque l'autre bras est en l'air.

Plus de coups de pied et de roulements de corps

Changez maintenant de rôle armé pendant que vous donnez des coups de pied. Gardez un bras en face de vous, positionné à l'opposé vers le haut, pointant vers où vous allez. Si vous avez le statut vers le haut, c'est comme si vous gardiez la main levée pour inviter une question. L'épaule de ce bras doit être tournée un peu vers le bas - le biceps se trouve juste en dessous de votre oreille. L'autre épaule (attachée au bras par votre côté), doit être en haut, hors de l'eau, touchant presque votre menton. N'oubliez pas de garder votre tête immobile et votre nez pointé vers le haut.

Coup de pied, coup de pied, coup de pied. C'est comme un exercice de freestyle 10/10, mais à l'envers.

Changez de main en déplaçant le bras de votre côté vers le haut, dans un arc arc-en-ciel massif dans l'air, et changez de place avec le bras qui s'est levé - ce bras descend de votre côté en se déplaçant sous l'eau dans un grand arc.

06

de 07

Les bras - Traction en dos crawlé

La traction simple est un bras droit qui sort de l'eau le pouce en premier et entre dans l'eau le petit doigt en premier. Ce n'est pas la meilleure traction de dos, pas comme celle que vous pourrez voir aux Jeux olympiques, mais c'est la façon la plus simple de l'analyser.

Pendant que vous faites couler vos doigts (tirez), vous maintenez continuellement chaque bras opposé au bras opposé. Si un bras entre dans l'eau (petit doigt en premier), l'autre bras sort de l'eau (pouce en premier).

Quand un bras est dans l'air, son épaule doit être celle qui est en haut, hors de l'eau. L'épaule du bras dans l'eau doit être celle qui est en bas, à l'intérieur de l'eau. Vos épaules (et votre cadre) tournent au-dessus et au-dessous de l'eau, ainsi que votre ligne parallèle, avec vos bras. N'oubliez pas de garder la tête immobile et les narines orientées vers le haut. Et kick !!!!

07

de 07

Nage dos crawlé

Garder le coup de pied, garder les doigts, et respirer. La tête immobile, la narine haute, les épaules qui se soulèvent avec les bras connectés. Vous nagez en dos crawlé. Félicitations. Essayez de faire un peu de dos crawlé lors de votre prochain exercice de natation.

Crawl avant

Améliorer votre approche du crawl avant

Pour vous assurer que vous tirez le meilleur parti de votre temps dans la piscine, voici quelques conseils avancés pour améliorer votre méthode de crawl avant.

Dans l'eau

- Lorsque vous améliorez votre approche du crawl avant, essayez de maintenir une position aussi plate que possible dans l'eau, avec une légère pente vers les hanches pour préserver le coup de pied sous l'eau.

- Essayez de garder votre estomac plat et d'obtenir un degré pour guider votre bas du dos.

- Les yeux regardant vers l'avant et vers le bas, votre tête doit être cohérente avec le cadre et le degré d'eau doit se situer entre vos sourcils et la racine de vos cheveux.

- Essayez de maintenir votre tête et votre colonne vertébrale aussi immobiles et détendues que possible. Au lieu de cela, faites pivoter vos hanches et vos épaules pour générer un élan dans l'eau. Votre tête doit faire partie de la rotation lorsque vous devez respirer.

- Votre épaule doit sortir de l'eau au moment où votre bras sort, alors que l'autre commence la partie propulsive sous l'eau.

- Les hanches ne doivent plus tourner autant que les épaules.

Plus de vidéos de conseils et de techniques

Pour plus de directives et de films sur l'amélioration de votre méthode de crawl avant, rendez-vous sur le site des membres de Swim England.

Mouvement du bras

- Gardez votre coude légèrement plié pendant que vous tendez votre main vers l'avant du corps pour entrer dans l'eau.

- L'entrée doit se faire entre la ligne médiane du pinacle et la ligne des épaules et la main doit être dirigée avec la paume traitant vers le bas et l'extérieur de sorte que le pouce entre en premier dans l'eau.

- Ne commencez pas à tirer vers le bas dès que votre main est dans l'eau - vous devez vous donner la possibilité d'avancer sous l'eau avant de commencer à ramener votre main vers le corps.

- Après être entré dans l'eau, le bras doit effectuer un mouvement de trois balayages.

- Avec le coude à peine plié, balayez vers l'avant, puis revenez plus près du centre du corps, puis sortez plus près des cuisses - imitant une forme de sablier.

- Optimisez les performances de votre course en effectuant l'action complète du bras et en ne faisant plus sortir votre bras de l'eau avant qu'il n'atteigne votre jambe.

Coup de pied

- Vos jambes doivent être proches l'une de l'autre avec les chevilles détendues et dans un mouvement continu.

- Il n'est pas nécessaire d'effectuer d'énormes mouvements de descente et de montée - un petit mouvement régulier est suffisant. Bien que l'effort maximal doive porter sur vos orteils, n'oubliez pas de transporter vos jambes entières.

- Essayez de garder vos jambes aussi droites que possible. Il devrait y avoir une légère flexion des genoux entre la fin du temps fort et le début du temps faible, mais en général, plus vos jambes sont droites, plus le coup de pied est vert et puissant.

- Plus le nombre de battements de jambes en phase avec le cycle est élevé, plus l'énergie utilisée est importante. Les nageurs de sprint utiliseront généralement six ou huit coups de pied pour un cycle, mais quelqu'un qui nage sur une plus longue distance devrait utiliser moins de coups de pied, plus déclarés.

Respiration

- Essayez de faire tourner votre tête aussi doucement que possible pendant que vous respirez. Votre cou doit rester propre, votre tête et votre colonne vertébrale doivent se joindre à la rotation des épaules.

- Un côté du visage doit rester dans l'eau et vous devrez peut-être aussi étirer votre bouche d'un côté pour la préserver.

- Essayez de ne plus lever la tête hors de l'eau de manière excessive - plus vous levez la tête, plus vos pieds et vos jambes s'enfoncent dans l'eau.

- Après une forte inspiration, tournez rapidement et doucement votre visage vers l'eau en suivant la rotation de vos épaules.

- L'expiration a lieu dans l'eau alors que la tête a retrouvé une fonction neutre et peut être progressive ou explosive.

- La régularité de la respiration n'est pas toujours figée - il est préférable d'inspirer lorsque c'est nécessaire. Une méthode standard consiste à respirer tous les trois coups, en alternant par conséquent le côté sur lequel la pointe du pied tourne et en gardant l'équilibre pendant la course.

Tournage

- Lorsque vous vous approchez du mur, vos deux derniers coups de bras doivent prévenir vos mains en utilisant vos cuisses.

- Mettez votre cadre dans un rôle de pliage en pliant les hanches et les genoux. Faites une rotation sur l'axe horizontal en faisant un saut périlleux, lancez vos jambes par-dessus vos hanches vers le mur et ouvrez vos genoux en plantant vos orteils à la base du mur.

- Redressez puissamment vos jambes pour transférer l'élan loin du bord de la piscine.

- Placez vos mains sur le devant de votre tête, en serrant les oreilles, avec les doigts l'un sur l'autre et tournez vers l'arrière sur le devant tout en avançant.

- Parallèlement à la surface de l'eau, utilisez un coup de pied alternatif ou un coup de pied dauphin sous l'eau lorsque l'élan du rush ralentit.

- Commencez ensuite votre mouvement de bras avec votre premier bras en commençant alors que le cadre est encore légèrement immergé - cela vous aidera à faire remonter votre tête à la surface.

Brasse

La brasse est également appelée "grenouille" par les jeunes qui apprennent à nager, car le terme est plus attachant. Le mouvement ressemble aussi à celui d'une grenouille qui nage dans l'eau, d'où l'utilisation de ce terme. C'est le style récréatif le plus populaire car il est très solide et ne demande pas beaucoup d'efforts si une bonne technique est mise en œuvre.

Il peut s'agir d'une nage compliquée à appréhender, mais une fois que vous parvenez à bien la coordonner, elle peut devenir une façon tout à fait ludique de nager. Voici 5 étapes pour vous assurer de maîtriser la brasse.

Étape 1 : Rôle du corps

Gardez votre cadre à plat et allongez-vous dans l'eau, face au fond, en gardant votre cadre cohérent avec le fond de l'eau.

Étape 2 : Mouvement du bras

Le mouvement du bras comporte trois étapes : la prise, la traction et la récupération. Une manière amusante d'examiner cela est de supposer que l'on prend un grand bol de glace (Attraper), que l'on pousse en direction de la bouche pour manger (Tirer) et que l'on recommence (Récupérer).

1. Attraper - Avec les doigts tendus vers l'extérieur et les mains traitant avec le bas, appuyez vers le bas et vers l'extérieur en même temps.

2. Tirer - Avec les coudes améliorés au-dessus des paumes, tirez fort vers votre poitrine. La traction doit être accompagnée d'un mouvement accéléré de la main qui appuie sur la paume et les avant-bras vers le bas.

3. Récupération - Joignez chaque bras en une prière comme le style devant votre poitrine et poussez jusqu'à ce que vos doigts soient à nouveau droits. Cette position permet de réduire la résistance lors de la poussée vers l'eau.

Étape 3 : Technique de respiration

Soulevez votre tête et votre cou au-dessus de l'eau à la fin du mouvement de traction pour respirer. Dans la section de récupération, expirez des bulles dans l'eau alors même que vos mains sont poussées vers l'avant. N'oubliez pas d'appliquer la fonction de prière et une stratégie respiratoire appropriée !

Étape 4 : Action des jambes

En commençant par les jambes tendues, pliez vos genoux pour rapprocher votre talon de votre dos et faites un mouvement circulaire vers l'extérieur avec vos pieds jusqu'à ce qu'ils reviennent au point de départ. Lorsque vos genoux sont pliés, vos orteils doivent se trouver sous la surface de l'eau et à la largeur des épaules.

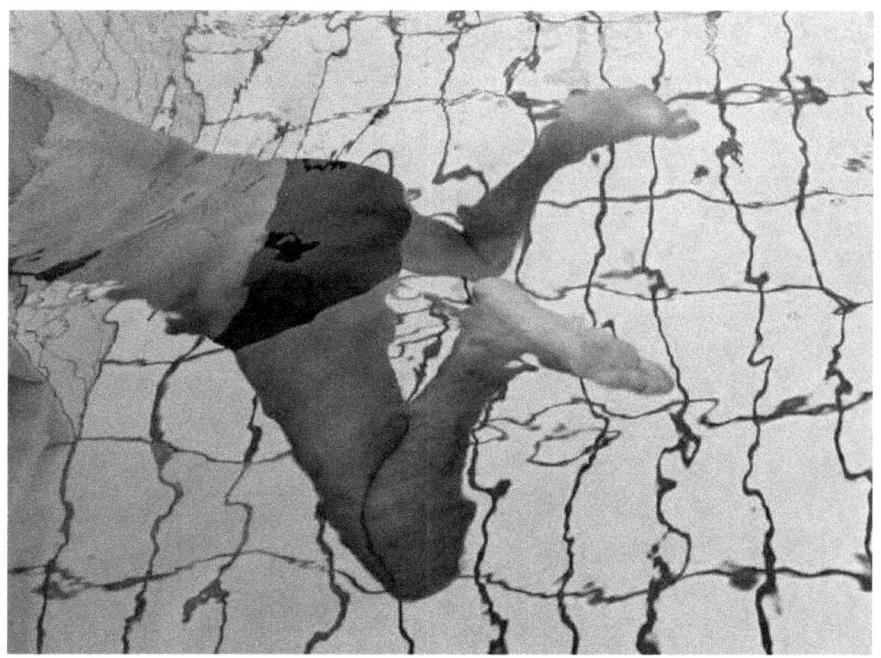

Il est essentiel de garder à l'esprit que vous devez garder vos pieds en dorsiflexion (pieds plats) lorsque vous effectuez le coup de pied de la brasse, pour une meilleure poussée.

Étape 5 : Apprendre à glisser

Après avoir exécuté le coup de pied de brasse, votre corps doit être dans un rôle aérodynamique avec vos jambes et vos bras tendus. Restez dans cette position pendant une à deux secondes car la propulsion vers l'avant au moyen de vos jambes doit vous permettre de "glisser" vers l'avant.

Papillon

La nage papillon est l'une des nages les plus difficiles car elle exige une technique particulière en plus d'un excellent rythme.

C'est sans doute la nage la plus esthétique, un équilibre entre énergie et grâce.

La "mouche", comme l'appellent affectueusement les nageurs, nécessite des coups de pied de dauphin suivis d'un mouvement simultané des bras. Il est extraordinairement intéressant de nager la "mouche". Voici donc cinq étapes claires qui vous permettront d'appréhender cette approche.

Étape 1 : Position du corps

Gardez votre corps à plat et allongez-vous dans l'eau en gardant votre corps en contact avec le fond de l'eau.

Étape 2 : Mouvement du bras

Comme pour le crawl avant, il y a 3 étapes dans le mouvement des bras - la prise, la traction et la récupération.

- Attraper - Avec les paumes directement vers l'extérieur, à la largeur des épaules et les doigts passant à travers vers le bas, appuyez vers le bas et vers l'extérieur en même temps avec chaque paume.

- Tirer - Tirez les mains vers votre cadre dans un mouvement semi-circulaire avec les bras passant par l'extérieur, en maintenant vos coudes mieux que vos bras.

- Récupération - Une fois que chaque bras atteint le haut des cuisses en haut de la traction, balayez chaque paume de main vers l'extérieur et au-dessus de l'eau simultanément et lancez-les vers l'avant dans le rôle initial. Assurez-vous que vos doigts passent à travers vers l'extérieur afin que vos pouces entrent dans l'eau en premier.

Rôle du corps lors de la nage du papillon (crédit photo : Wong ChekPoh/SportSG)

Troisième étape : Technique de respiration

La respiration peut être difficile car elle doit être chronométrée et effectuée rapidement. Le bon moment pour respirer est au début de la section de restauration, alors que les bras commencent à peine à sortir de l'eau. Levez le menton au-dessus de l'eau tout en cherchant directement en veillant à ne pas vous tourner vers l'extérieur.

Étape 4 : Action des jambes

L'excellente façon d'examiner l'action des jambes pour le papillon est de vous imaginer comme un dauphin ou une sirène avec simplement une queue ! Avec les deux jambes jointes et les orteils pointés, donnez un coup de pied vers le bas en même temps.

- Le premier coup de pied est un petit coup pour équilibrer votre fonction de cadre après que vos doigts entrent dans l'eau.

- Le deuxième coup de pied est un énorme coup de pied, exécuté au cours de la phase de récupération lorsque vos doigts sont au-dessus de l'eau. Ce coup de pied massif doit continuer à propulser votre corps vers l'avant car l'élan est perdu tout au long de la récupération.

Cinquième étape : Bougez votre corps en forme de vague

Ne faites qu'un avec la vague. Tout votre corps doit avoir une forme ondulante en S lorsque vous nagez. Comme pour la danse, laissez vos instincts prendre le dessus et suivez la dérive du mouvement. Si vous parvenez à cerner votre rythme et à synchroniser les mouvements de votre corps et de vos membres, vos mouvements seront plus efficaces et moins fatigants.

Notes sur la coordination

- Utilisez des coups de pied de dauphin à chaque cycle de bras

- Le premier coup de pied se produit lorsque vos mains commencent la phase de piégeage.

- Le deuxième coup de pied est donné à l'arrêt du segment de traction.

- Menton vers le bas après la respiration

Conseils utiles

- Donnez des coups de pied à partir de vos hanches plutôt que de vos jambes.

- Utilisez l'énergie de la traction pour sortir de l'eau et respirer.

Plongée

Les dix commandements pour une plongée correcte - Tout le monde peut le faire !

Beaucoup rêvent de savoir comment plonger dans une piscine de manière élégante et correcte. Une méthode de plongée correcte permet d'entrer correctement dans l'eau et de donner de l'élan à la nage qui suit, n'importe qui sans peur de l'eau peut faire le plongeon et il n'y a pas besoin d'être des nageurs experts. Dans ce texte nous énumérons les escaliers pour un plongeon correct avec des raisons simples que tout le monde peut réaliser.

Tout d'abord, il est très important de préciser que le but d'un plongeon est d'éviter de se blesser au cou et au bas du dos et non d'atterrir sur l'abdomen. En outre, nous voulons éviter de frapper le fond de la piscine ou de laisser tomber nos lunettes. Pour éviter que cela ne se produise, la nation initiale et de base d'une plongée est l'étirement de la main fléchie - la tête est sous les mains, le dos de la main droite touche la paume de la main gauche (ou vice versa) et le pouce de la main gauche couvre la main droite.

Les dix événements sportifs pour une plongée efficace

10 étapes pour rechercher un plongeon de natation et défendre le cou & le bas du dos dans la méthode de natation WEST

Chaque exercice doit être effectué 3 fois et après être tombé ou avoir sauté dans l'eau, il est vivement conseillé de nager 50 à 100 mètres en nage libre afin de stimuler la nuque et l'ossature et de se maintenir aux jeux physiques suivants.

1. Plonger dans une piscine étapes 1-S'asseoir dans la piscine, les orteils sur le mur, tomber dans l'eau.

Placez vos pieds sur le mur, vos fesses sur le côté de la piscine et vos mains sont levées au-dessus de votre tête en forme de flèche. Passez lentement les bras dans la position de la flèche, depuis leur rôle au-dessus de la tête, vers l'eau. Ce n'est que lorsque la flèche touche l'eau et que le sternum atteint la place du genou que vous redressez les pieds et que vous vivez la flèche dans l'eau pendant 3 à 5 secondes.

Fonction assise, orteils au bord de la piscine, fesses vers les talons et chute dans l'eau en position de flèche.

Asseyez-vous sur le bord de la piscine, les pieds reposant sur le rebord et les pieds conservant le seuil de la piscine et touchant légèrement l'eau. Les fesses sont en contact avec les talons ou fléchies jusqu'au seuil de votre potentiel en produisant des efforts au niveau du dos ou des genoux. L'équilibre est un peu difficile sur cet exercice, donc avant de sauter dans l'eau il est très utile de stabiliser le vol (pour les enfants la posture est très propre). Faites une flèche avec vos doigts et redressez-les lentement en vous rapprochant de l'eau. Lorsque les bras touchent l'eau, redressez les jambes.

3. Plongeon dans une piscine étape 3- Se tenir debout dans une attitude de 90 degrés, les mains dans une flèche et tomber dans l'eau (un peu comme s'accroupir).

Dans cet exercice, faites comme dans l'exercice 2, mais la perspective entre les genoux et les fesses peut être de 90 degrés. En général, cette étape est moins compliquée du point de vue de la souplesse des genoux. Il est crucial de noter que lorsque vous dirigez vos doigts vers l'eau et perdez votre stabilité, ne rehaussez plus votre tête au-dessus de vos doigts, mais restez dans le rôle de la flèche pour ne pas tomber dans le ventre.

quatre. Plongée dans une piscine étape quatre - Les bras en forme de flèche sont dirigés vers une attitude de 45 dipôles plus près de l'eau, et l'attitude entre la hanche et le genou peut être supérieure à 90 dipôles.

L'exercice se déroule comme l'exercice 3, mais le corps est dirigé plus près de l'eau. La flèche sera dirigée vers le fond de la piscine, à un mètre du mur. Pour la plus grande partie, l'espace semble trop proche et par conséquent les êtres humains ont tendance à élever leurs doigts vers le haut. En conséquence, ils tombent au niveau du ventre au lieu de pénétrer dans l'eau de manière élégante.

5. Plongeon dans une piscine étape 5-Après le saut, dès que vous perdez l'équilibre - les jambes sont tendues.

Répétez l'exercice 4, mais cette fois-ci vous ne devez pas chercher à ce que les paumes touchent l'eau pour redresser les jambes. Dans cet exercice, comme dans l'exercice précédent, l'attitude de pratique pour le saut peut être de cent vingt niveaux entre les genoux et la cuisse, la flèche est dirigée en direction du fond de la piscine à un mètre du mur. Lorsque vous commencez à perdre l'équilibre, sautez doucement et étirez votre corps dans l'eau pendant trois-cinq secondes, comme pour les épreuves sportives précédentes.

6. Plonger dans une piscine étape 6- Sauter sans tomber - les doigts dans une flèche, l'attitude entre le genou et la cuisse est d'environ cent vingt degrés.

Dans cet exercice, vous n'attendez plus de perdre l'équilibre mais vous sautez lorsque votre cadre est prêt. L'accent est mis sur le fait de ne pas sauter trop fort et de ne plus ouvrir la flèche à cause de la peur que l'eau s'approche rapidement.

7. Plongeon en piscine étape 7- Debout, jambes écartées à 25 centimètres, les pieds au bord de la piscine - à l'appel "Saut", redressez les mains en flèche et sautez dans l'eau.

Pour cet exercice, vous avez besoin d'un ami, d'un sauveteur ou de quelqu'un qui est rond. Dans le niveau d'entraînement, créez un déroulement cushty, c'est-à-dire, trouvez votre posture correcte sans causer de pression dans la diminution encore ou le cou. Dans l'exercice, vous fermez les yeux, vous faites attention à entrer dans l'eau, et vous informez la personne alternative de nous commencer avec un appel "saut". En fermant les yeux, les sens deviennent plus aiguisés et nous pouvons effectuer un plongeon encore plus correct. En outre, nous nous entraînons à sortir de l'électricité pour les plongées en vue de venir plus tard dans notre apprentissage. N'ouvrez les yeux qu'au moment où vos paumes entrent dans l'eau.

huit. Plongeon dans une piscine pas de huit- Plongeon dans un anneau à une distance de 1 mètre et demi à 2 mètres de l'eau.

L'une des questions cruciales concernant la plongée est de savoir comment ajuster la distance du plongeon après avoir également dirigé l'entrée dans l'eau en même temps que l'étirement des doigts vers le haut. Plonger dans un cerceau demande de contrôler le rôle exact dans lequel vous atterrissez dans l'eau et vous enseigne la manière d'étirer vos paumes vers le haut juste après être entré dans l'eau afin de ne pas entrer en collision avec le fond.

9. Plongée dans une piscine étape 9-Plongée dans un mouvement de dauphin et poursuite de la nage en 3 temps.

Mettez-vous debout comme dans l'exercice n° 7, où vos orteils sont sur le seuil de la piscine, le cadre est à peine plié, et pliez légèrement les jambes au voisinage que votre souplesse vous permet. Les mains sont situées sur le bord de la piscine et la tête en bas. A l'appel "soar", les paumes forment la flèche et les jambes se redressent car le corps entre dans l'eau. Après avoir étiré le corps dans l'eau, on effectue 2 à 4 mouvements de dauphin, on s'arrête à 30 cm de la ligne d'eau et on effectue le premier coup. Ensuite, trois autres coups de dauphin sont exécutés sans respirer. Pendant toute la durée de l'exercice de natation, tenez votre tête plus près du sol.

Le but de la nage après le plongeon est de maintenir l'élan du plongeon. Il y a beaucoup de nageurs qui préviennent le plongeon avant d'utiliser son élan pour le quitter. Le fait de relever le haut et de respirer pendant que l'on est en mouvement provoque l'arrêt de l'élan.

10. Plongeon dans une piscine étape 10-Exercices quatre à neuf à partir d'un bloc de départ.

La tendance, lorsque l'on est sur un plongeoir, est de se jeter à l'eau. Dans les premiers paliers du plongeon, la force de l'élan n'est pas critique, mais la pénétration précise dans une perspective appropriée tout en entrant dans l'eau. Les nageurs qui accomplissent toutes les étapes précédentes rebondiront également sans effort depuis le plongeoir.

Enfin, dans l'intention d'enseigner et de réaliser un plongeon précis, exact et rapide, vous ne montez pas sur un plongeoir élevé. Si vous avez l'impression que le saut se fait en douceur, essayez de plonger avec une jambe en avant et une jambe en arrière, comme les coureurs avant une course.

Chapitre 5

Une bonne alimentation

La natation exige de grandes quantités de force, qu'il s'agisse d'une pratique d'élite ou d'un exercice d'institution d'âge. En raison de cette forte dépense de force, les nageurs veulent prendre les mesures appropriées pour compléter les nutriments égarés.

Selon les recherches de Brigette Peterson, coordinatrice du bien-être, sur les nutriments des activités sportives, les nageurs agressifs peuvent dépenser jusqu'à 5 000 énergies en quatre heures, en fonction de l'intensité de l'entraînement. Ainsi, les nageurs peuvent brûler environ 40 % de leur électricité quotidienne pendant cette période. En raison de cette formidable dépense d'énergie, il est important de disposer de nutriments appropriés pour se reconstruire et récupérer.

Selon Peterson, "la nutrition est la pierre angulaire de la performance globale de chaque athlète, mais plus particulièrement de celle d'un nageur."

Les mentalités néfastes en matière de nutrition

Deux mentalités défavorables courantes des nageurs concernant l'alimentation se situent à des extrémités opposées du spectre.

La première est : "Je nage dur chaque jour pour pouvoir dévorer ce que je veux. Je l'élimine en nageant." S'il est vrai que vous brûlez beaucoup de calories, vous ne faites pas le plein des nutriments importants qui vous permettront de rester en bonne santé et de nager rapidement. Sans compter que manger beaucoup de sucre et d'autres aliments transformés vous empêchera de nager et vous fera sentir graduel et lent.

L'autre état d'esprit est : "J'ai fait un effort physique de grande qualité, je n'ai pas besoin de le gâcher en mangeant une quantité excessive. Je ne consommerai pas ou je consommerai beaucoup moins que ce que je dois." Vous ne pouvez pas supposer que votre cadre va faire le maximum d'efforts lors d'un exercice ou d'une course s'il n'a pas assez de gaz pour le faire.

Peu importe la quantité ou la difficulté de votre entraînement ou de votre natation, vous n'atteindrez pas votre capacité sans une alimentation adéquate.

Que doivent manger les nageurs ?

Vous vous demandez peut-être : "Alors, que dois-je manger ?"

Selon Brue Baker, spécialiste de la santé et du fitness à base de plantes, les nageurs qui s'entraînent intensément pendant plus de deux heures par jour doivent prendre 4 à 7 repas légers par jour. La consommation d'une grande quantité d'aliments ou d'une quantité excessive d'aliments en une seule fois donnera au nageur une sensation de léthargie et pourrait nuire à ses performances (The Importance of a Swimmer's Nutrition). Elle doit également comprendre des repas qui peuvent être propres à la digestion.

Les glucides doivent constituer la moitié du régime alimentaire d'un nageur, car ils sont de loin l'essence dont les nageurs ont besoin pour passer à travers un entraînement ou une compétition difficile. Les glucides sont conservés sous forme de glycogène dans la masse musculaire et le foie et constituent le carburant que notre corps utilise à un moment ou à un autre de la journée, notamment pendant l'exercice. Après l'exercice, cette source d'électricité peut être en train de s'épuiser et doit être remplacée. D'excellentes sources de glucides sont le riz, les céréales, les pâtes, les pommes de terre, les haricots, les pois et les lentilles.

La moitié du repas d'un nageur doit se composer de protéines, de graisses saines (huile d'olive, noix, avocats et graines), de légumes, de fruits, de céréales complètes, de vitamines et de minéraux.

Selon l'Academy of Nutrition and Dietetics, il faut consommer 0,5 à 0,7 gramme de glucides pour chaque kilo de poids vif. Pour une personne pesant 45 kg, cela représente environ 75 grammes. Cela doit être associé à 20 à 40 grammes de protéines.

Les protéines entretiennent et reconstruisent la masse musculaire après le stress de l'éducation, tout comme elles évitent les courbatures. Les blocs de construction des protéines sont les acides aminés, qui peuvent être les additifs primaires de la croissance et de la réparation musculaire. Diana Goodwin d'AquaMobile nous dit que les protéines soutiennent et renforcent également le système immunitaire et apaisent les fringales qui assaillent les nageurs pendant l'exercice. Certaines sources de protéines sont les viandes maigres, le poisson, les œufs et les produits laitiers à faible teneur en matières grasses.

Les nageurs doivent en outre boire souvent de l'eau pour s'hydrater, en sirotant leur bouteille d'eau au cours de la journée pour combler les pertes de sueur (oui, il est bien plus viable de transpirer dans l'eau). De nombreux athlètes ne pensent pas à remplacer les électrolytes et autres minéraux perdus dans la sueur, notamment le sodium et le potassium. Bien que la plupart des athlètes consomment suffisamment de sodium dans le cadre d'un régime régulier, vous pouvez saupoudrer un peu de sel et de glucose dans votre boisson pour qu'elle soit absorbée et reconstituée.

Selon Peterson, "un cadre bien alimenté se traduira par des performances globales supérieures tout au long de l'exercice et de la compétition. La nutrition est tout."

Que manger la veille d'une compétition ?

Le jour précédant la rencontre, le nageur doit manger des repas riches en glucides complexes et boire régulièrement.

Swim England Masters conseille de "consommer peu et fréquemment - toutes les deux à quatre heures - pour maintenir un taux de glycémie régulier et alimenter la masse musculaire". Tenez-vous-en aux ingrédients que vous connaissez et évitez les gros aliments. Ne mangez pas trop - vous vous sentirez léthargique le jour de la course !

Aliments avec des glucides complexes :

- Flocons d'avoine

- Riz brun

- Patates douces ou blanches avec peau

- du pain et des pâtes de blé complet à 100 %.

- Pamplemousse

- Pommes

- Bananes

- Myrtilles

- Cantaloup

Que manger pour le petit-déjeuner avant l'entraînement ou la compétition ?

Même si vous vous sentez trop fatigué ou trop anxieux pour manger, vous voulez manger, même si ce n'est qu'un petit peu.

Le fait de prendre un petit-déjeuner donne un coup de fouet à votre métabolisme et permet à votre corps de se préparer à ce qui va suivre, tout en vous aidant à optimiser vos performances et votre scolarité.

Mangez quelque chose de doux et sans problème de digestion comme des céréales, des flocons d'avoine, une banane, des toasts, des fruits propres ou un yaourt. Si vous manquez d'appétit le matin, Sports Dietitians of Australia recommande d'ingérer un repas liquide, notamment des packs de lait ou des smoothies.

Que manger avant un entraînement ou une rencontre ?

Le nageur doit consommer un repas riche en glucides dans les quatre heures précédant un entraînement ou une rencontre. Le repas doit être pauvre en fibres et en graisses. Par exemple, des céréales complètes avec du lait, des fruits pétillants ou des flocons d'avoine avec de la banane ou de la cannelle.

Une à deux heures avant, le nageur doit enchaîner avec une collation légère accompagnée d'un fruit pétillant ou d'une barre de sport.

Que manger pendant une compétition ?

Le nageur doit veiller à manger et à boire entre les activités afin de disposer de ressources utiles à la récupération et de repousser la déshydratation.

Si le nageur a moins d'une heure entre deux activités, la collation doit être douce et facile à digérer. Sports Dietitians of Australia recommande des jus, des sachets de yaourt et des petits morceaux de fruits propres.

Si le nageur dispose de quelques heures à deux heures entre deux courses, il peut s'alimenter avec les éléments suivants : pâtes, sandwichs (pain complet ou de blé complet et viande naturelle) ou sushi.

Apportez une glacière de nourriture afin d'être prêt à faire le plein !

En-cas à manger entre les courses

Après une course ou un entraînement, le nageur souhaite manger dès que possible pour se restaurer. Les collations doivent être composées de glucides complexes et de protéines, et non de sucres faciles ou d'ingrédients riches en graisses. Les aliments tels que la salade de pâtes, le sandwich nature, les bananes, les raisins, les pommes, les fruits secs (raisins secs, abricots, mangue), les barres de céréales, le yaourt et les noix non salées sont les meilleurs pour cela.

Si vous n'avez pas pu manger de solides entre vos courses, essayez de boire du jus dilué avec une pincée de sel, du lait au chocolat ou un smoothie.

Que manger après les rencontres et l'entraînement

Les aliments consommés après un entraînement ou une rencontre doivent comprendre des glucides pour l'alimentation et des protéines pour la restauration et l'essor musculaire. Le nageur doit en outre boire de l'eau pour s'hydrater.

Glucides : smoothies aux fruits, yaourt en coupe, fruits pétillants ou toast et gelée (ou beurre de cacahuète et bananes).

Protéines : pita de blé complet et houmous, sandwich à la viande blanche, lait au chocolat (les protéines et le calcium renforcent les os et nourrissent les acides aminés dans la masse musculaire), salade de thon, œufs, noix, edamame, smoothie avec produits laitiers et omelettes ou œufs au plat sur des toasts.

En conclusion, Baker résume peut-être la qualité :

Nageurs - il est temps d'arrêter de laisser vos vitamines flotter dans la piscine. Je vous assure que si vous continuez à enseigner et à mettre en pratique les conseils ci-dessus sur les vitamines du nageur dans votre régime alimentaire, vous serez en mesure de nager plus vite et plus longtemps grâce à cela. Ne prenez pas vos nutriments de natation pour acquis, ils sont tout aussi essentiels que vos heures passées dans la piscine.

Chapitre six
Entraînement musculaire pour la natation

Poussée d'accroupissement avec ballon de médecine

Debout, les orteils écartés à la largeur des épaules, les genoux légèrement pliés, maintenez le ballon de médicament au niveau des épaules, les coudes pointant vers l'avant.

Accroupissez-vous, puis sortez de l'accroupissement en étendant complètement les paumes au-dessus de la tête tout en relâchant le ballon dans les airs. Les 3 étapes précédentes sont un mouvement continu.

Laissez la balle tomber sur le sol.

Répétez jusqu'à ce que vous ayez terminé une série.

Walking Lunge avec rotation du Medicine Ball

Debout, les pieds joints à la largeur des épaules, le ballon de médicaments tenu à l'écart du corps par les bras directs.

En fendant, abaissez les hanches jusqu'à ce que votre cuisse arrière soit parallèle au sol.

Lorsque vous faites un pas en avant, faites pivoter votre tronc dans le même sens que votre jambe avant.

Continuez à vous étirer sur le sol jusqu'à ce que vous ayez terminé la série.

Ne laissez pas votre genou avant aller plus loin que votre pied avant.

Push-ups

Allongé sur le ventre, les doigts juste plus larges que les épaules.

Fléchissez vos pieds de manière à ce que vos doigts et la plante de vos orteils proportionnent la charge de votre corps.

En poussant avec les mains, vous décollez le tronc et les jambes du sol.

Revenez immédiatement et ne laissez pas votre ventre s'affaisser.

Row à genoux avec câble à un bras

Mettez-vous à genoux en posant simplement un genou au sol, l'autre pied devant le cadre.

Saisissez le câble en permettant au bras de s'étirer complètement. Gardez le bras près du corps, tirez le câble vers vous en gardant le coude serré contre le cadre jusqu'à ce que le coude atteigne le torse.

Veillez à ce que votre cadre reste en fonction. Ne tordez pas le corps.

Revenez à la position de départ et répétez.

Dumbell Reverse Fly

Allongez-vous sur un banc incliné, le visage dans le banc, ou penchez-vous à la taille en appuyant votre tête sur le dossier d'une chaise.

Saisissez les haltères en laissant les bras pendre librement. Gardez les doigts près du corps.

Levez les haltères latéralement et vers le haut de façon à ce qu'ils soient au niveau des épaules.

Laissez lentement tomber l'haltère loin de vous, de nouveau en position de départ.

N'utilisez pas les jambes pour vous aider dans l'exercice.

Torsion russe du ballon de médecine

Assis dans un rôle de crunch, tenez un ballon de médecine ou un haltère dans chaque doigt, avec les mains absolument étendues vers l'avant au niveau des épaules.

Faites pivoter le tronc d'un côté à l'autre en maintenant les mains instantanées et le ballon au niveau de la poitrine. Ne laissez pas les hanches pivoter.

Continuez comme ça jusqu'à ce que vous ayez terminé le jeu.

Couper du bois

Debout, les pieds écartés d'un peu plus de la largeur des épaules, tenez un câble dans vos deux doigts, une main au-dessus du sommet de l'autre, la main du bas étant la plus proche de l'appareil.

Effectuez une rotation latérale tout en vous accroupissant sur le même temps. Ce mouvement s'effectue en gardant les paumes des mains immédiatement (pensez-y comme une extension de votre torse) en tirant sur le câble vers le bas à une perspective à travers le cadre se terminant à la hauteur des genoux.

Inversez le mouvement, de manière lente et contrôlée, jusqu'à la position de départ.

Cet exercice doit être effectué dans un mouvement continu.

Répétez jusqu'à ce que vous ayez terminé une série, changez de jambe et répétez.

www.ingramcontent.com/pod-product-compliance
Lightning Source LLC
Chambersburg PA
CBHW071004080526
44587CB00015B/2345